W0201671

Yannik Mahr

# Mit 80 Ängsten um die Welt

Wie Sie verreisen
und trotzdem überleben

vgs
EGMONT

Originalausgabe

© 2011 VGS

verlegt durch EGMONT Verlagsgesellschaften mbH,
Gertrudenstraße 30–36, 50667 Köln

Alle Rechte vorbehalten.

Dieses Buchprojekt wurde vermittelt durch
die Arrowsmith Agency, Hamburg.

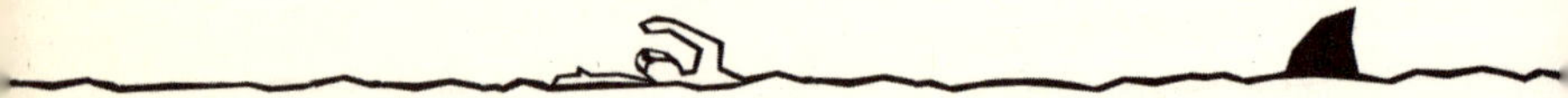

15. AUG. 2011

gelöscht

1. Auflage

Redaktion: Cindy Witt
Umschlaggestaltung: ZERO Werbeagentur, München
Umschlagillustrationen: McMillan Digital Art/Getty Images,
Art Box/Getty Images
Satz: Hans Winkens, Wegberg
Druck: CPI – Clausen & Bosse, Leck
ISBN: 978-3-8025-3741-7

www.vgs.de

Für alle Fernreiseangsthasen

# Inhalt

## Reisen, ja bitte!

- Jeder dritte Deutsche fühlt sich beim Fliegen unwohl, jeder fünfte leidet unter starker Flugangst und Panikattacken.
- Acht von zehn Deutschen haben Angst, sich bei Fernreisen mit Malaria zu infizieren.
- Siebenunddreißig Prozent fürchten sich in fremden Ländern vor Bakterien und anderen Keimen.
- Dreiunddreißig Prozent bekommen im Urlaub Durchfall.
- Achtundvierzig Prozent ekeln sich vor Spinnen, mehr als fünfzig Prozent vor Kakerlaken.
- Dreiundfünfzig Prozent nehmen in den Urlaub ihre eigenen Badelatschen mit – aus Angst vor schmutzigen Hotel- und Badezimmern.
- Vierundachtzig Prozent berücksichtigen bei der Planung einer Reise die Gefahr von Naturkatastrophen oder Überfällen.
- Dreißig Prozent aller Scheidungen werden nach einem Urlaub eingereicht.

**NUR EINER KANN IHNEN ALLEN HELFEN.**

# Reisen, nein danke?!

# Eine Kriegserklärung

Nennen wir ihn Alex. Das ist einer dieser Typen, die nicht einfach in den Urlaub fahren, nach zwei Wochen erholt zurückkommen und auf die Frage, wie es war, antworten: »Schön. Nur viel zu kurz.«

Nein, Alex ist anders, und wie sehr habe ich ihn dafür gehasst. Ja, lieber Alex, du liest richtig, wenn du denn lesen kannst: gehasst. Für deine Geschichten aus irgendwelchen Siebtwelt-Ländern. Wie du allein auf dem Fahrrad von Namibia nach Frankfurt gefahren bist. Wie du dich im australischen Busch ausschließlich von gebratenen Schlangen ernährt hast. Oder wie du es in zwanzig Tagen durch alle Länder Südostasiens per Anhalter geschafft hast.

Ja, deine Reisen waren so viel authentischer, gefährlicher, extravaganter als meine. Damit hast du jede Party geschmissen, fast jede Frau herumbekommen (außer Sina, die diese Phobie gegen geschlossene Räume hatte) und mich immer aussehen lassen wie den letzten Föhr-Urlauber. Was ich ja war, zugegeben.

Wahrscheinlich hast du mich auch nicht besonders gemocht. Du hast ja nie einen Hehl daraus gemacht, was du über Deutschlandurlaube und Pauschaltouristen denkst. Wie angewidert du damals bei Sina das Regal mit den ADAC-Reiseführern durchgegangen bist – die für fünf Euro. Wie du die Namen vorgelesen hast, »Mallorca«, »Kanarische Inseln«, »Dänemark«, als würde dir davon so schlecht werden wie Pamela von einer Mittelmeer-Kreuzfahrt. (Das war die andere Frau, bei der du mit deinen Storys nicht landen konntest, richtig?)

Sie, liebe Leserinnen und Leser, müssen wissen, dass für Alex' Reisen grundsätzlich kein Land infrage kommt, das es unter die ersten Hundert im »Human Development Index« der Vereinten Nationen geschafft hat. »Zu touristisch«, sagt er etwa über Turkmenistan oder Botswana. Und ich würde mich nicht wundern, wenn er auf die Frage, ob er sich eine Reise nach Afghanistan vorstellen könnte, antwortete: »Afghanistan? Da sind mir nun wirklich zu viel Deutsche.«

So ist Alex. Er schüttelt den Kopf, wenn andere vom Kofferpacken erzählen und davon, dass sie damit drei Tage vor dem Urlaub beginnen. Alex stopft einfach zwei Stunden vor Abflug T-Shirts und kurze Hosen in seinen abgewetzten Rucksack, um auf den letzten Drücker bei der billigsten Billig-Airline einzuchecken. Dass in deren Maschinen die Handgepäckfächer mit Klebeband verschlossen werden müssen und nur ein Triebwerk funktioniert, stört ihn nicht. Alles, was nicht klappt, macht seine Reise original, nein, wie war dieses Rucksacktouristenwort? Genau: ehrlich.

Das ist Alex wichtig. Er will ehrlichen Urlaub machen. Nein, wieder falsch, er will gar keinen Urlaub machen, und auf keinen Fall will er Tourist sein. Niemals! Er ist nur da, wo keine Touristen sind, mit Ausnahme der Rucksacktouristen natürlich. Aber die sind eben per Definition keine Touristen, nicht einmal Rucksacktouristen. Sagen wir es, wie es ist: Alex gehört zur privilegierten Spezies der Backpacker. Und Backpacker sind keine Fremden – nirgendwo. Sie essen nur in Restaurants, in denen Einheimische, Verzeihung, das korrekte Backpacker-Wort ist Locals, essen. Sie leben nur in Häusern, in denen Locals leben. Sie benutzen nur Verkehrsmittel, die Locals benutzen. All Alex is local. Das stand echt auf einem seiner T-Shirts, und ich wette alle meine inzwischen angesammelten Flugmeilen, dass jeder Backpacker so ein Teil hat. Daran kann man sie erkennen, und, viel einfacher, am »Lonely Planet« – ihrer Bibel. Wenn dort steht, dass man unbedingt unter der vierten Palme an einem verborgenen Strand in Indien eine Flasche des einheimischen Biers trinken soll, das ein einäugiger Hundertfünfjähriger verkauft, dann wird man genau an dieser Stelle Hunderte Alexe sehen, die mit dem Greis über den Preis verhandeln.

Genauso ist es mit den Unterkünften, Restaurants und Sehenswürdigkeiten, die der »LP« empfiehlt. Er ist für Backpacker, was beispielsweise TUI für Pauschalreisende ist. Selbst Alex merkt nicht, dass ausgerechnet ein Buch ihn vom größten lebenden Individual- zu einem Gruppenreisenden macht. Noch schlimmer: Das Standardwerk des Ego-Tourismus gibt es inzwischen für viele Länder – ja, sogar für Pauschaltouristenziele – auf Deutsch, und es wird von ganz normalen Touristen gelesen. Ich selbst habe drei Exemplare! Das bereitet Alex natürlich große Sorgen, und selbstverständlich fährt er nicht mehr in Regionen, für die man einen deutschsprachigen »LP« bekommt. Da könnte er ja gleich auf Mallorca Urlaub machen.

Das denkt Alex nicht nur, er sagt es auch, wenn er von einer seiner geheimnisvollen Touren zurückkehrt. Vielleicht hat er sich einen Bart stehen lassen, vielleicht hat er seit Wochen nicht geduscht, vielleicht trägt er immer noch die Unterhose vom Abflug. Kleinigkeiten, genauso wie die Malaria tropica, die es wie Gelb- und Denguefieber sowie achtzehn verschiedene, bisher kaum erforschte Viren in den Ländern gibt, in denen er schon war. »Alles halb so schlimm«, sagt er, wenn man ihn darauf anspricht, »wer es nicht kriegen will, kriegt es nicht.« Dafür hat er jeden Morgen ein Glas Whiskey getrunken – eine lokale Marke, versteht sich –, der jeden Keim tötet. Er hat in bilharzioseverseuchten Seen gebadet und mittags wie abends in den miesesten Garküchen gegessen. Ja, gibt er zu, er hat das eine oder andere exotische Tierchen mitgebracht. Parasiten eben, und diesmal habe er besonders lange Spaß an seinem neuen Dünndarm-Bewohner: »Was da gerade bei mir auf'm Klo abgeht, echt interessant.«

»Wo warst du eigentlich genau?«, fragt spätestens an dieser Stelle, wer Alex nicht kennt. Und dann zählt er so zwei bis sechs Länder auf, von denen man bisher nicht einmal wusste, dass es sie gibt. Keiner der Staaten hat jemals Wahlen erlebt, die diesen Namen verdient hätten, und in den meisten von ihnen werden Menschen für ein Päckchen Zigaretten umgebracht. »War das nicht gefährlich?«, raunen die Zuhörerinnen, wenn Alex berichtet, wie er im Schutz der Dunkelheit über die mauretanische Grenze ist, auf dem schmalen minenfreien Streifen, lautlos an einem der Trainingslager von El Kaida vorbei. Er spricht davon, als wäre das ähnlich normal wie der Kauf einer Zahnpastatube in einem großen deutschen Drogeriemarkt.

So kann das stundenlang weitergehen, und wenn einer der Zuhörer so dumm ist zu fragen, ob Alex sich vorstellen könne, noch einmal in diese Länder zu fahren, deren Namen man entweder nicht aussprechen kann oder längst vergessen hat, sagt Alex: »Nein.« Denn er fährt nirgendwo zweimal hin. Wahrscheinlich, weil Columbus auch kein zweites Mal nach Amerika gesegelt ist, da er es ja schon beim ersten Mal entdeckt hatte. Oder weil es sonst bei den abendlichen Backpacker-Gesprächen schwierig wird, mit den Kollegen aus dem Rest der

Welt mitzuhalten – also wenn Alex aus Deutschland auf Alex aus Frankreich und Alex aus Holland trifft. All local, versteht sich.

»Malawi ist nicht mehr das, was es einmal war«, sagt Alex aus Deutschland dann.

»Viel zu touristisch«, meint Alex aus Frankreich. »Da lobe ich mir das Hochland von Tibet.«

»Aber erst ab fünftausend Meter über Normalnull«, sagt Alex aus Holland. »Ich war mit dem Mountainbike dort.«

»Gibt es an der Grenze zu Nepal eigentlich immer noch den alten Beamten ...«

»..., der nur einmal im Jahr isst? Ich habe von ihm bei meinem Aufenthalt in Dharamsala gehört ...«

»Du warst auch beim Dalai Lama? Ich habe sechs Wochen ...«

»... ununterbrochen meditiert, ich sogar sieben.«

»Ehrlich?«

»Ehrlich.«

»Aber war einer von euch schon einmal ...«

Hier beginnt die Endlosschleife. Backpacker wären nicht Backpacker, wenn sie nicht so lange reisen würden, bis sie halbwegs sicher sein können, bei derartigen Gesprächen das letzte Wort zu haben.

Daheim kann Alex sowieso niemand schlagen. In seiner Wohnung und über seinem Arbeitsplatz hat er eine Karte, auf der er mit Stecknadeln die Länder markiert, in denen er war. Ich habe bei siebzig aufgehört zu zählen. Da Alex damals gerade dreißig geworden war, ich mit mindestens einer Woche Aufenthalt pro Land rechnete und er seine erste große Reise mit achtzehn gemacht hatte, musste er insgesamt siebenhundert Wochen und damit mehr als die rechnerisch möglichen zwölf Lebensjahre unterwegs gewesen sein. Als ich ihn darauf ansprach, grinste er nur. »Du glaubst doch nicht, dass ich für Laos, Vietnam und Kambodscha länger als vier Tage gebraucht habe?!«, fragte Alex, um mitleidig-hoheitsvoll hinzuzufügen: »Nun erzähl du mal, wo du zuletzt gewesen bist.«

»Föhr«, sagte ich, »Dänemark und Bornholm.«

»Bornholm ist doch auch Dänemark, oder?«

Wie gesagt, ich hasse Alex. Und ich habe immer auf die Gelegenheit gewartet, sie ihm zurückzuzahlen, die Witze über die gefährliche Nordsee (»Gibt es da nicht Ebbe und Flut?«), seine spitzen Bemerkungen über meine Reise-Redundanzen (»Wenn man neun Mal im gleichen dänischen Ferienhaus war, bekommt man dann eigentlich eins kostenlos?«) und die gemeine Lästerei über meine Flugangst (»Keine Angst, Yannik: Runter kommen sie immer«).

Jetzt, lieber Alex, ist es so weit. Ich kann auch anders.

Endlich.

# Ein Bekenntnis

Nennt mich einen Fernreiseangsthasen. Ja, ich stehe dazu. Ich bin ein Angsthase, wenn es ums Reisen geht, sonst hätte ich dieses Buch wohl kaum schreiben können. Wäre nicht ehrlich gewesen, was Alex? Bevor ich verrate, wie ein Angsthase Fernreisen machen und damit fast so viele Frauen beeindrucken kann wie, na, Sie wissen schon, muss ich erzählen, wie ich es geworden bin – also ein Angsthase, kein Fernreisender. Mann, ist das kompliziert.

Es begann in der Kindheit, wo sonst. Ich war klein, sehr klein, und hatte, wie wahrscheinlich auch die größeren Kinder, kein Gefühl für Entfernungen. Fuhren meine Eltern mit mir an die Nordsee (Föhr!!), kam mir das unglaublich weit vor. Spätestens wenn wir in Dagebüll die Fähre bestiegen, war ich mir sicher, außerhalb Deutschlands zu sein. In Dänemark, wo die Menschen zwar nicht anders aussehen, aber ganz anders sprechen als wir, wo Cola weiß und Würste sonnenverbrannt rot sind, fühlte ich mich Millionen Kilometer von zu Hause entfernt. Meine Eltern taten nichts dagegen, weil sie genug damit zu tun hatten, mir immer und immer wieder zu erklären, dass all die Leute, die an den Stränden lagen, keine Terroristen, sondern Touristen waren.

Ich sagte trotzdem bis zu meinem vierzehnten Lebensjahr Terroristen, was einer gewissen Reisekomik nicht abträglich war. Etwa, als ich meinem Vater bei einem Abstecher von Föhr nach Sylt in der Westerländer Friedrichstraße zurief: »Papa, hier sind aber viele Terroristen.« Wahrscheinlich haben die Mitarbeiter der überteuerten Nobelboutiquen und Luxus-Fischbuden ziemlich verdutzt geguckt. Ertappt, von einem Kind!

Ich habe bis heute nicht herausgefunden, warum wir ständig zwischen Föhr und Dänemark hin- und hergependelt sind. Anfangs dachte ich, es läge daran, dass der Urlaub dort günstig ist, aber spätestens seit meiner ersten eigenen, selbst bezahlten Reise nach Bornholm weiß ich, dass es am Geld nicht gelegen haben kann. Ein Dänemark-Aufenthalt kommt, was die Kosten angeht, gleich nach einem dieser Ausflüge ins Weltall, die Multimillionär Richard Branson anbietet. Womit sich die Frage stellt, ob sich der »Lonely Planet« nicht umbenennen muss, denn so lonely ist die Erde als Touristenziel nicht mehr. Und Alex ...

Ich schweife ab.

Also, am Geld lag es nicht, eher an meinem Vater, der im Urlaub seine Ruhe haben wollte, und angeblich an mir. Bis heute versichern meine Eltern, dass sie mehrfach den Versuch unternommen hätten, mir eine Reise nach Spanien, Frankreich oder Italien schmackhaft zu machen, dass ich aber jedesmal zu weinen angefangen hätte, wenn das Wort Flugzeug fiel. Ja, ich hätte ultimativ erklärt, niemals fliegen zu wollen. Und weil ich bei dem Thema immer anfing zu schreien, gaben meine Eltern es schließlich auf.

Das führte dazu, dass sich eine frühkindlich geprägte Flugangst zu einem erwachsenen Problem entwickelte. Zum ersten Mal sollte ich im Alter von fast achtundzwanzig Jahren fliegen, und das funktionierte nur unter massivem Druck und nach der Einnahme von dreiundachtzig Tropfen Baldrian. Es war der Horror.

Für mich steht deshalb fest: Sollte ich einmal selbst ein Kind haben, werde ich mit ihm gleich nach der Geburt zu einem Flughafen fahren, es vier bis fünf Stunden an den Anblick und die Geräusche der Maschinen gewöhnen und innerhalb des ersten Lebensjahres auf einen Flug mitnehmen. Sollte es später etwas von möglicherweise vererbter Flugangst faseln, kann ich sagen: »Was hast du eigentlich? Du bist schon geflogen, da konntest du noch nicht einmal laufen!«

Nun will ich meinen Eltern nicht den Vorwurf machen, dass sie das bei mir versäumt hätten – zumal in einer Zeit, in der Fliegen nicht ein Zehntel so selbstverständlich war wie heute und wahrscheinlich nicht ein Zwanzigstel so sicher. Aber die Flugabstinenz führte dazu, dass ich mehr oder weniger durch Nordeuropa pendelte und mich nach den Sommerferien immer über die Mitschüler wunderte, die so viel brauner waren als ich und die von den Malediven, Mauritius oder Florida erzählten. Bis zu meinem vierzehnten Lebensjahr war mir nicht wirklich bewusst, dass es da draußen mehr geben sollte als Föhr und Dänemark – und danach hatte ich zu viel (Flug-)Angst davor. Tatsächlich führte meine erste eigene Reise mit meiner ersten festen Freundin nach Föhr und die zweite, na?, genau: nach Dänemark. Die machte das nur mit, weil sie erstens wesentlich jünger war als ich, ich zweitens alles bezahlte und drittens so tat, als dürfte ich mich wegen meiner zahllosen Nebenjobs bei Zeitungen und Zeitschriften nicht zu weit von Deutschland entfernen. Auf Reise Nummer drei ging sie ohne mich, um auf den Kanarischen Inseln den Mann kennenzulernen, mit dem sie heute verheiratet ist. Insofern hatte meine Fernreisephobie auch etwas Gutes.

Ich erzähle das alles, weil ja andere Fernreiseangsthasen genauso sozialisiert worden sein könnten und weil es rein psychologisch bei jedweder Anomalität das Einfachste ist, auf traumatische Erlebnisse in der Kindheit zu verweisen. Dies löst vielleicht das Problem nicht, aber man fühlt sich gleich besser.

Nach der Erfahrung mit der oben erwähnten Freundin stellte ich das Reisen für die Dauer von sechs Jahren ein und erzählte den Andersdenkenden unter meinen Freunden – also allen –, dass ich mit dem Studium schnell fertig werden wolle und meine Erfüllung in meinen Nebenjobs gefunden hätte. Dass ich kein Geld für einen Urlaub hätte – eines der besten Argumente –, glaubte mir spätestens nach zwei durchgearbeiteten Jahren niemand mehr. »Du musst doch mal raus«, sagten selbst meine Eltern, aber ich konnte Dänemark nicht mehr sehen, und allein der Gedanke an ein Flugzeug führte zu tagelangem Brechdurchfall.

Ja, ich habe als wahrscheinlich einziger freier Journalist auf diesem Lonely Planet eine kostenlose Fünf-Sterne-plus-Pressereise nach Argentinien abgelehnt, genau wie einen Zehn-Tage-Trip auf einem Kreuzfahrtschiff mit Rückflug in der Businessclass.

Meine Flugangst war stärker als jeder Hochglanz-Reiseprospekt und reichte aus, um die Lust auf ferne Länder gar nicht erst entstehen zu lassen. Dabei hatte ich mir damals noch keine Gedanken über all die anderen Bedrohungen gemacht, die auf einen Fernreisenden warten.

Ich wusste nichts über die drei Formen von Malaria, Touristenentführungen in Südamerika, Armut und Elend, Tsunamis und Hurrikans, über die unendlichen Qualen der Urlaubsvorbereitung. Ich hatte nicht einmal eine Thrombosestrumpfhose, um meinen Blutkreislauf auf langen Strecken vor plötzlicher Klümpchenbildung zu schützen. Trotzdem war ich der Prototyp des Fernreiseangsthasen.

Unglaublich, aber Mahr.

# Woran man Fernreiseangsthasen erkennt

Es gibt im Wesentlichen drei Gründe, warum ein Mensch keine Fernreise unternimmt: Entweder hat er kein Geld, keine Lust – oder eben Fernreiseangst. Wobei Fernreiseangsthasen die ersten beiden Gründe häufig vorschieben, um die eigentlichen Ursachen zu verschleiern. Standardsätze sind: »Ich kenne nicht einmal Deutschland genau, wieso soll ich nach Thailand fahren?« Oder: »Ich würde ja gern verreisen, aber ich habe einfach nicht das Geld dafür.« Ich bin damit lange relativ gut gefahren, soll heißen: nicht gefahren. Aus dem »Ich-kenne-Deutschland-kaum« hatte ich eine Reisephilosophie entwickelt, die ich am Ende selbst geglaubt habe. Gibt es nicht im eigenen und in den umliegenden Ländern genug zu sehen? Ist Europa nicht mindestens so vielfältig wie der Rest der Welt? Und sollte nicht jeder erst einmal das Gute entdecken, das so nah liegt – auch und vor allem im Sinne der Umwelt? Das waren Argumentationsketten, die ich in gewissen Phasen mantraartig von mir gab, als würde ich morgen eine Partei zu dem Thema gründen wollen.

In tiefer Dankbarkeit nahm ich zudem die deutsche Wiedervereinigung entgegen, die auch in anderen Fernreiseangsthasen-Biografien ein Glücksfall gewesen sein dürfte. Denn nun gab es gleich sechs neue Gründe, das Land nicht zu verlassen. Ich spezialisierte mich auf Reisen in die ehemalige DDR, und wenn Freunde fragten, ob es nicht etwas weiter weg sein dürfte, antwortete ich politisch-korrekt empört: »Wisst ihr, jahrzehntelang haben Millionen Menschen davon geträumt, zwischen den beiden deutschen Staaten hin- und herzufahren. Und nun, wo es endlich möglich ist, soll ich woanders hin? Nein, jetzt ist der Osten dran!« Ich verschwieg, dass die aus dem Osten selbst nichts Besseres zu tun hatten, als mithilfe der D-Mark nach Spanien und Thailand zu fliegen, und dass ich mir als Westdeutscher in vielen Teilen der neuen Länder exotischer vorkam, als Rüdiger Nehberg sich bei den Yanomami-Indianern im brasilianischen Dschungel vorgekommen sein muss.

Diese Art der Fernreiseangst-Unterdrückung funktioniert allerdings nur so lange, wie der Betroffene nicht durch äußere Umstände zu einem Auslandsaufenthalt gezwungen wird. Etwa durch den Beruf oder – wie in meinem Fall – durch eine (neue) Partnerin, die unbedingt die letzten Winkel dieser Welt entdecken will, obwohl sie noch nie in einem der neuen Bundesländer war. »Nicht einmal in Weimar?«, hatte ich im vierten Monat unserer Beziehung gefragt, als es aus meiner Sicht viel zu früh um einen gemeinsamen Urlaub ging und ich das schöne Thüringen ins Spiel brachte. »Nicht einmal in Weimar«, hatte meine Lebensabschnittsgefährtin geantwortet und dass sie dort auf keinen Fall hinwolle. Sie dächte eher an etwas in Nordamerika, und da sie mit mir ja endlich einen Freund hätte, der sich das finanziell dicke erlauben könne, gäbe es keine Ausreden mehr. Ihr Ex, ein Student im vierzehnten Semester, hatte angeblich kein Geld für weite Urlaubsreisen gehabt. Der Glückliche! Oder vielleicht einer von uns ...?

Ich war an einem Punkt angelangt, an dem ich dringend etwas gegen meine Fernreiseangst unternehmen musste, die damals – ich sagte es bereits – vor allem eine Flugangst war. Erst drohte meine Freundin damit, allein in den Urlaub zu fahren, dann, die Beziehung abzubrechen, wenn ich so ein Feigling wäre. Das wollte ich nicht und steckte damit in einem Dilemma: fliegen (mit einem echten Flugzeug!) oder fliegen (aus dem Bett der Freundin)? Ich entschied mich nach langem Überlegen und mehreren der bereits erwähnten Durchfallattacken für Variante eins und buchte zum ersten Mal in meinem Leben einen Flug.

Ich habe lange überlegt, ob ich diese Episode meiner Reiseläuterung erzählen soll. Aber da sie nicht untypisch sein dürfte – los! Meine Freundin – nennen wir sie der künftigen, besseren Unterscheidung wegen die Amerika-Freundin – war die Sache geschickt angegangen. Sie hatte mich bei einem harmlosen Einkaufsbummel und nachdem wir tagelang nicht über den Urlaub gesprochen hatten, in ein Reisebüro gezogen. Ehe ich protestieren konnte, saß ich schweißgebadet mit einem Katalog auf dem Schoß in einem grauen Lederstuhl und blätterte zwischen verschiedenen Mietwagentouren durch die USA hin und her. Das Ganze war natürlich Betrug, meine Amerika-Freundin hatte sich einen Tag vorher mit der Reisebüro-Frau getroffen, und zusammen drängten sie mich nun zu einer Pauschalreise, die von New York nach Miami führen sollte. Es ging so schnell, und ich fühlte mich so überfahren, dass ich nur bei der Wahl der Fluggesellschaft ein Wort herausbrachte: »Lufthansa«, stammelte ich.

»Was meinen Sie, Herr Mahr?«, fragte die Reisebüro-Frau.

»Lufthansa. Ich möchte mit ...«, ich schluckte tief, »... Lufthansa fliegen.« Wenn schon, dann deutsche Gründlich- und Pünktlichkeit sowie Sicherheit.

»Ich habe für Sie hier aber ein viel besseres Angebot von Singapore Airlines, da sparen Sie fast achthundert Euro im Vergleich zu Lufthansa.«

Singapore wer? Ich verstand nur Singapore Airlines und

konnte mir nicht vorstellen, dass es Menschen gab, die die Fluggesellschaft eines Staates buchten, der unwesentlich größer als Bottrop ist.

»Ich würde aber lieber ...«, fing ich an.

»Wir nehmen Singapore Airlines«, unterbrach mich meine Amerika-Freundin. »Die sind schließlich in der Star Alliance, und der Service ist viermal besser als bei Lufthansa.« Das stimmte, und überhaupt würde ich heute Singapore Airlines jeder Fluggesellschaft vorziehen, aber woher sollte ich das damals wissen? Ich zitterte, ich unterschrieb, und obwohl mir meine Amerika-Freundin versicherte, dass wir eine wunderbare Zeit vor uns hätten, begannen für mich sechs furchtbare Wochen. Der Horror.

Während meine Amerika-Freundin sich mit jedem Tag mehr auf unsere erste gemeinsame Reise freute, erging es mir genau umgekehrt. Ich nenne das die negative Urlaubsvorfreude-Kurve. Zum Verständnis: Normalerweise wird die Freude auf eine Reise umso größer, je näher sie rückt. Schließlich arbeitet man ja »das ganze Jahr auf diese paar Wochen hin« (deutsche Volksweisheit).

Bei Fernreiseangsthasen ist das leider anders. Je weiter weg die Reise ist – und damit in meinem Fall der allererste Flug des Lebens – desto besser. Die kritische Phase beginnt einen Monat vorher. Das wiederum nenne ich die Vor-Flugangst. In dieser Zeit kann man an nichts anderes denken als an den Flug und will auf keinen Fall über den Urlaub sprechen. Das kann zwischen einem Fernreiseangsthasen und seiner Partnerin/seinem Partner zu skurrilen Situationen führen. Etwa wenn der eine anfängt, begeistert aus dem Reiseführer vorzulesen, und der andere sofort versucht, das Thema zu wechseln, oder direkt zur Toilette rennt.

In der letzten Woche vor dem Ende meiner Fernreise-Jungfernschaft war der Druck kaum noch auszuhalten. Während meine Amerika-Freundin zu packen anfing, starrte ich stundenlang auf das Flugticket, das mit der Post gekommen war. Ich hatte Magenschmerzen, konnte weder essen noch schlafen. Ich war ständig kurz davor, mich in die nächste Bahn zu setzen und abzuhauen, egal wohin. Hauptsache weit weg vom Flughafen. Dummerweise ließ mich meine Amerika-Freundin ab Tag vier vor dem Abflug nicht mehr aus den Augen, zog in der Nacht davor sogar bei mir ein. »Damit du es dir im letzten Moment nicht noch anders überlegst, mein Schatz«, sagte sie. Dabei hatte ich genau das vorgehabt. So blieb mir nur die Flasche Baldrian, die ich in der Apotheke neben dem Reisebüro gekauft hatte. Sie sollte mir allerdings nichts nutzen ...

Nachdem Sie jetzt wissen, dass sich Fernreiseangsthasen unter anderem durch Magen-Darm-Verstimmungen, Übelkeit, Appetitlosigkeit und Fluchtgedanken verraten, ist es an der Zeit, weitere typische Merkmale zu enthüllen. Hier sind sie:

1. Ihr Partner war noch nie außerhalb Europas. Am liebsten macht er im eigenen Land Urlaub, am allerliebsten immer am selben Ort.
2. Er (das »sie« bitte mitdenken, diese Er/sie-Dinger sind furchtbar) gibt für Reisen nach Skandinavien/Italien/Frankreich mittlere vierstellige Beträge aus, ist aber nicht bereit, für sechshundert Euro nach Thailand zu fliegen.
3. Er schaltet bei TV-Berichten über Notlandungen von Flugzeugen sofort um.
4. Er ist noch nie geflogen.
5. Er hat eine Bahncard 100.
6. Er bekommt beim Anblick eines Flugzeugs Schweißaus-

brüche (oder wenn er einer Reisebürokauffrau gegenübersitzt).

7. Er fährt nirgendwo hin, ohne seine Badelatschen mitzunehmen.
8. Er besorgt vor jeder Reise einen großen Vorrat an Desinfektionsmitteln.
9. Er hält sich aus Urlaubsplanungen grundsätzlich heraus.
10. Er lässt sich für jede Reiseroute von einem Tropenmediziner genau das Vorkommen spezieller Krankheiten vorhersagen – auch wenn das Geld kostet.
11. Er ist nicht bereit, sich gegen Hepatitis etc. impfen zu lassen, und lehnt eine Malariaprophylaxe grundsätzlich ab.
12. Er hat mindestens einen Bekannten, der von einer Fernreise eine ungewöhnliche Krankheit mitgebracht hat.
13. Er konsultiert während der Planung eines Urlaubs auffallend oft die Internetseiten des Auswärtigen Amtes.
14. Er kauft extra einen Brustbeutel oder einen Gemüsedosen-Safe (sieht aus wie eine Gemüsedose, ist aber eine Art sicheres Sparschwein).
15. Er fragt im Reisebüro nicht nach den Bademöglichkeiten, sondern nach der Wahrscheinlichkeit von Erdbeben, Hurrikans, Waldbränden und Tsunamis.
16. Er hat keinen Reisepass.
17. Er spricht keine Fremdsprache.
18. Er spricht nur ein paar Brocken Englisch.
19. Er kommt vom Land.
20. Er musste als Kind ein- bis dreimal von seinen Eltern vorzeitig von der Klassenreise abgeholt werden.
21. Er kauft sich Thrombosestrümpfe.
22. Ein Viertel des Platzes in seinem Koffer nimmt die Reiseapotheke ein.

23. Er will unbedingt eine Reiserücktritts- und eine Reiseabbruchversicherung ohne Selbstbehalt abschließen.
24. Er findet immer neue Argumente gegen ein fernes Reiseziel.
25. Sein wichtigstes Argument gegen eine Fernreise ist: Das Land interessiert mich einfach nicht.

Manchmal reicht einer der oben genannten Gründe, um einen Menschen von einer Fernreise abzuhalten, oft ist es ein Bündel aus ihnen. Je mehr Punkte zutreffen, desto wahrscheinlicher ist, dass Ihr Partner ein chronischer Fernreiseangsthase ist. Was Ihnen nun aber keine Angst machen muss. Denn selbst wenn Sie vierundzwanzig der fünfundzwanzig Eigenschaften erkennen, ist es nicht unmöglich, dass der Fernreiseangsthase am Ende in ein Flugzeug steigt und zu neuen Zielen aufbricht. Wenn, ja wenn die berufliche Verlockung oder die Liebe groß genug ist. In den meisten Fällen, die ich kenne, haben sich die Fernreiseangsthasen getraut, weil sich ihr sorgenfreier Partner das soooooooo sehr gewünscht hat. Ist das nicht schön?

Das verstehst du nicht, Alex? Ganz einfach: Stell dir vor, eine Frau würde verlangen, dass du mit ihr zwei Wochen allinclusive in einem Robinson-Club auf Teneriffa verbringst, mit deutschsprachigen Angestellten, gebucht beim First-Reisebüro und mit drei organisierten Ausflügen in der Gruppe. Na? Würdest du niemals machen, was? Es sei denn, du wärest mal richtig verliebt – und am besten nicht in dich, sondern in eine(n) andere(n) …

# All die schönen Ängste

# Boarding completed

Alex hat einmal gesagt, dass er Menschen, die Flugangst haben, nicht verstehen kann. Dies sei schließlich ein Problem, das sich leicht lösen ließe, erklärte er auf einer Party, auf der ich in eine seiner Ich-bin-der-tollste-Backpacker-aller-Zeiten-und-alle-anderen-Touristen-sind-Idioten-Geschichten geriet. Dummerweise entblödete ich mich zu fragen, wie er das meine, wie sich denn Flugangst bekämpfen ließe. »Na«, sagte Alex und grinste mich dämlich an, »man fliegt halt einfach nicht.«

Damit hat er leider recht, und leider gibt es nur eine Alternative zu seinem Vorschlag, die allerdings sehr viel Mut erfordert: nämlich das Gegenteil zu tun. Ich habe gut zehntausend Tage dazu gebraucht, und es wären sicher noch mehr geworden, wenn mir meine Amerika-Freundin kein Ultimatum gestellt hätte. Außerdem wollte ich es den Alexen dieser Welt endlich zeigen!

Bis zu dem Moment, als ich zum ersten Mal Stewardessen die Sicherheitsvorschriften erklären sah (»in dem unwahrscheinlichen Fall eines Druckverlusts ...«), hatte ich mich mit dem Fliegen ausschließlich theoretisch beschäftigt. Meine Art, die Mutter aller Ängste zu bekämpfen, bestand darin, so viele Informationen wie möglich über sie zu sammeln. Meine Frau behauptet noch heute, dass ich die Reihenfolge der sichersten Fluggesellschaften bis Platz vierundfünfzig fehlerfrei aufsagen kann. Tatsächlich ist es so, dass sich nicht wenige Freunde an mich wenden, wenn sie etwas zur Unfallbilanz einer bestimmten Airline wissen wollen. An dieser Stelle nur so viel: Ich möchte eindringlich vor der staatlichen Fluggesellschaft Myanmars warnen. Nicht nur, weil die eine Absturzstatistik hat, die das Gefühl vermittelt, dass es hier gar nicht so sehr ums Fliegen geht, sondern vor allem, weil ich live gesehen habe, wie eine Maschine der burmesischen Flotte mit nur einem funktionierenden Triebwerk gestartet ist. Never ever.

Ansonsten funktioniert die Methode – also die theoretische Annäherung an das Fliegen – nicht, weil man auf der Suche nach Argumenten dafür immer wieder auf jede Menge dagegen trifft. Nein, es gibt nur einen Weg. Der entbehrt anfänglich nicht einer gewissen Grausamkeit, aber schon nach dem vierten, fünften Flug stellen sich kleine Verbesserungen ein, ab dem zehnten geht es ganz gut, und ab dem dreißigsten war die Flugangst bei mir quasi weg. Heute fliege ich lieber, als dass ich mit dem Auto fahre, weil ich auf der Straße deutlich mehr heikle Situationen erlebt habe als in der Luft. Und ich fliege längst nicht mehr nur mit den Top Ten der Sicherheitsrankings ...

Dabei waren meine ersten Flugversuche wirklich dazu angetan, mir diese Form der Fortbewegung ein für alle Mal zu vermiesen.

Es war ein dunkler Tag im August 1998. Ich würde gleich zweimal abheben: von Hamburg nach Frankfurt und von Frankfurt nach New York. Hätte ich das vorher gewusst, hätte ich mir die Reiseunterlagen wenigstens ein einziges Mal genau angesehen, wäre ich zumindest die erste Strecke mit der geliebten Deutschen Bahn gefahren. Aber ich hatte mich angesichts explodierender Vorflugangst überhaupt nicht mit den Details der Reise beschäftigt. So stand ich auf dem Flughafen

Hamburg-Fuhlsbüttel, wartete auf meinen Jungfernflug und schüttete Baldrian-Tropfen in mich hinein wie andere Passagiere Tomatensaft.

»Wird schon nicht so schlimm werden«, sagte meine Amerika-Freundin und scheiterte bei dem Versuch, eine meiner Hände zu greifen. Die Innenflächen waren so nass, dass ich sie alle fünf Minuten mit der Bordkarte trocknen musste. Der Baldrian tat sein Übriges. Ich war komplett am Ende.

Immerhin war der kurze Flug von Hamburg nach Frankfurt – wenn man von den vielen fremden Geräuschen und meinen Magenschmerzen absieht – ganz in Ordnung. Als die Maschine sauber landete, klatschte ich begeistert, bis meine Amerika-Freundin mir sagte, dass das bei Linienflügen unüblich und ansonsten ziemlich peinlich sei. Mir war das egal. Ich hatte überlebt!

Dann sah ich die Boeing 747, die uns nach New York bringen sollte. Nein, ich sah vor allem ihre Schnauze. Eine Schnauze, durch die von rechts nach links ein gewaltiger Riss ging.

»Ist das, ist das, was ist das?«, stammelte ich.

»Ein kleiner Riss, nichts Wichtiges«, sagte meine Amerika-Freundin.

»Ein kleiner Riss? Das sind bestimmt vier, fünf Meter.«

»Na und? Guck mal, die fangen schon an, das zu reparieren.« Tatsächlich rollte ein Team der Lufthansa-Technik (Lufthansa! Wären wir nur mit denen geflogen, schoss es mir durch den Kopf) mit einer Hebebühne heran. Und mit einer neuen Boeing-Schnauze! Vor den wartenden Fluggästen begannen die Herren seelenruhig, das defekte Teil abzubauen. Ich hätte heulen können oder zumindest wegrennen wollen.

»Das gibt es doch nicht, das gibt es doch nicht«, sagte ich und schüttete Baldrian nach.

»Nun beruhige dich«, sagte meine Amerika-Freundin, »dafür gibt es bestimmt eine Erklärung. Wir können doch mal die Herren da in der Uniform fragen. Komm!«

Wir gingen zu zwei Typen, die wie Piloten aussahen. Sie blickten ähnlich erstaunt gen defekte Schnauze wie ich.

»Das sieht ja wirklich heftig aus«, sagte der eine.

»Jo«, sagte der andere in breitestem Hamburgisch. »Muss ein Vogelschwarm oder so gewesen sein. Und weißt du, was das Beste ist?«

»Nein«, sagte der erste.

»Ich habe beim Flug überhaupt nichts davon gemerkt. Ich habe den Riss erst gesehen, als ich hier oben stand.«

Wie beruhigend, dachte ich, und je länger ich darüber sinnierte, war es das auch. Denn wie groß war die Wahrscheinlichkeit, dass sich so ein Defekt bei derselben Maschine noch einmal ereignen würde? War es nicht viel besser, mit einer nagelneuen Schnauze zu fliegen als mit einer gebrauchten? Und hatte der Pilot, der von dem Schlamassel nichts mitbekommen hatte, jetzt nicht Feierabend?

Will sagen: Der Flug wurde nicht halb so aufregend wie die etwa zwei Stunden dauernde Reparatur. Ich schlief erschlagen von den Aufregungen des Tages ein, träumte von gebrochenen Nasen sowie ausgelöschten Vogelschwärmen und musste von meiner Amerika-Freundin zum Essen geweckt werden. Da war die Hälfte schon rum. Den Rest der Zeit nutzte ich, um mich mit der erstaunlich großen Flotte von Singapore Airlines vertraut zu machen und um sämtliche an Bord gereichten Zeitungen zu lesen. In einer fand ich jene Statistik, über die ich mich wie keine andere gefreut habe und die es deshalb verdient, am Anfang meiner Anti-Flugangst-Strategie zu stehen. Die beruht auf acht Erkenntnissen und acht Regeln, die vielleicht nicht immer zu hundert Prozent wissenschaftlich belegbar sind, mir aber sehr geholfen haben.

Zunächst die Erkenntnisse:

1. Statistisch gesehen kann man fünfundzwanzigtausend Jahre jeden Tag fliegen, ohne dass einmal etwas passiert. (Leider weiß ich nicht mehr, aus welcher Zeitung beziehungsweise Quelle ich diese Zahl habe, aber ich werde auf keinen Fall so dumm sein und versuchen, sie ein zweites Mal zu verifizieren. Selbst wenn sich der Absender um neunzig Prozent vertan haben sollte – zweitausendfünfhundert Jahre wäre immer noch eine beruhigende Zahl!)
2. Luftlöcher sind harmlos. Wie der Name sagt, ist da zwar so ein unangenehmes Loch – doch nach diesem Loch kommt eben wieder Luft. Soll heißen: Wenn das Flugzeug erst einmal in der Luft ist, kann praktisch gar nichts mehr passieren.
3. Die gefährlichsten Phasen sind der Start und die Landung, und sie können auch die unangenehmsten sein. Aber: Je größer das Flugzeug ist, desto weniger bekommt der Passagier davon mit. Bei einer Boeing 747 beispielsweise spürt man das Abheben kaum.
4. Je länger die Reise dauert, desto besser. Bei Fernreisen gibt es – wieder statistisch gesehen und jederzeit belegbar – die wenigsten Zwischenfälle, und in großen Maschinen sitzt man dabei auch.
5. Harte Landungen sind gute Landungen (weil extrem sicher).
6. Die Flüge dauern in der Regel nie so lange, wie bei der Flugbuchung angegeben. Zwischen zehn Minuten und einer Stunde kann man immer abziehen.

7. Man kann nahezu jedes Ziel auf dieser Welt mit einer Top-Airline erreichen. Am besten ist übrigens ausgerechnet Australien: Dort fliegen mit Quantas und Air New Zealand die Nummer eins und die Nummer zwei der Welt-Sicherheitsrangliste hin.
8. Flugzeugunglücke erreichen nur deshalb ein so hohes Aufsehen in Fernsehen und Zeitungen, weil sie sehr, sehr selten sind.

Die acht Regeln:

1. Fragen Sie niemanden nach seinen Erlebnissen beim Fliegen! Mit Sicherheit hat jeder eine mehr oder weniger heftige Horrorgeschichte parat, verschweigt aber, dass neunundneunzig von hundert Flügen so harmlos waren wie ein Bad in der Badewanne.
2. Informieren Sie sich rechtzeitig über die Airline, mit der Sie fliegen wollen! Zahlen Sie lieber mehr, fühlen sich dabei aber sicher!
3. Überlegen Sie sich ein Ritual beim Einsteigen in das Flugzeug! Ich berühre zum Beispiel vor jedem Start mit der rechten Hand die Außenhaut der Maschine. Das ist am Anfang etwas lächerlich, gewinnt aber an Bedeutung, wenn man die ersten zehn Flüge hinter sich gebracht hat. Ab dem dreißigsten Flug ist das Ritual so etwas wie ein Glücksbringer, mit dem einem nichts mehr passieren kann. (Übrigens habe ich einmal das Handauflegen vergessen und war schon fast auf meinem Platz, als mich meine Frau daran erinnerte: »Siehst du, es geht auch ohne deinen komischen Tick«, hatte sie gesagt. Danach bin ich gegen den Passagierstrom rausgerannt und habe die Berührung nachgeholt, die

Proteste sämtlicher Angerempelter ignorierend. Ergebnis: ein extrem ruhiger Flug!)

4. Versuchen Sie, einen Platz in der Mitte des Flugzeugs, am besten über den Tragflächen, zu bekommen! Dort spürt man eventuelle Turbulenzen erfahrungsgemäß am geringsten. Und dort befinden sich die Notausgänge, die extra viel Beinfreiheit garantieren. Fragen Sie beim Check-in nach, ob die frei sind! Gegen einen Aufpreis kann man bei vielen Fluggesellschaften gute Plätze vorher online reservieren, was man als Fernreiseangsthase sowieso tun sollte.
5. Achten Sie sorgfältig auf Ihre Flugbegleitung! Andere Flugängstler sind tabu! Am besten ist ein Freund/eine Freundin, der/die so tut, als sei ein Flug das Normalste der Welt. Vielleicht ihm oder ihr vorher sagen, dass Sätze wie »Ist auch alles gut?« oder »Fühlst du dich wohl?« kontraproduktiv sind, weil sie die Angst heraufbeschwören.
6. Vermeiden Sie Reisestress! Lieber zu früh am Flughafen sein als zu spät. In aller Ruhe einchecken, durch die Sicherheitskontrollen gehen, etwas trinken.
7. Immer anschnallen, wenn man sitzt!
8. Regelmäßig fliegen! Wer zu viel Zeit zwischen zwei Flügen verstreichen lässt, riskiert, dass die Angst sich wieder aufbaut oder sogar stärker wird.

That's it. Man braucht gar nicht alle Regeln zu befolgen, um angstfrei fliegen zu können, und wahrscheinlich übertreibe ich es.

Zum Beispiel trage ich nach wie vor bei jedem Fernflug Thrombosestrümpfe, man weiß ja nie, bei meiner Größe und den engen Sitzabständen in der Economyclass. Außerdem muss ich mich dadurch nicht an den gymnastischen Übungen beteiligen, die gesundheitsbewusste Mitfliegende machen, sondern kann sicher angeschnallt in meinem Sitz bleiben. Schön warm ist es auch, zumindest an den Beinen.

# Die Thrombosestrumpfhose

Die Sache mit den Thrombosestrümpfen hat eine Vorgeschichte, wie alles bei Fernreiseangsthasen. Ich hatte mich bis zu meinem dreißigsten Lebensjahr mit dem Thema nur insofern beschäftigt, als ich während des Zivildienstes dem einen oder anderen bettlägerigen Patienten die Dinger überstreifen musste. Für mich selbst spielte das modisch eher fragwürdige Accessoire keine Rolle, zumindest so lange nicht, bis ich nach zwei Amerika-Reisen mit der Freundin auch den Kontinent wechselte. Meine neue Partnerin hatte eine Abneigung gegen die USA, dafür einen unstillbaren Drang in Richtung Asien. Das eröffnete mir nicht nur neue Horizonte, sondern vor allem unbekannte Problemfelder, über die in den kommenden Kapiteln zu reden sein wird.

Hier geht es um den Zusammenhang von Langstreckenflügen und der Gefahr einer Thrombose, das gefürchtete Touristenklassen-Syndrom. Der Begriff hatte seine Hoch-Zeit passenderweise genau in jenem Jahr, als ich mich seelisch auf meinen zweiten Flug mit Singapore Airlines vorbereitete. Diesmal nach Singapur selbst, eine Strecke von mehr als zwölf Stunden, natürlich Economy. Das ist bei Singapore Airlines zwar etwas angenehmer als bei vielen anderen Fluggesellschaften, allein das Grundproblem bleibt. Die Sitzabstände sind für einen Mann von einem Meter neunzig überschaubar. Da hat es Alex mit seinen knapp ein Meter sechzig deutlich leichter. Und vielleicht ist das einer der Gründe, warum ihm das Fliegen nichts ausmacht und das Touristenklassen-Syndrom erst recht nicht. (Gibt es eigentlich ein Backpacker-Syndrom? Und wenn ja: Ist es heilbar?)

Ich las zum ersten Mal in einer großen Boulevardzeitung davon. In dem Bericht ging es um einen Mann, der nach einem zehnstündigen Flug eine Thrombose erlitten hatte. »Ich habe mein rechtes Bein kaum gespürt«, hatte er zu Protokoll gegeben und welches Glück es gewesen sei, dass er im Flughafen zum Arzt gegangen war. »Das hätte ganz böse enden können«, sagte der Mann und dass er bei seinen nächsten Flügen jede halbe Stunde aufstehen und Gymnastik machen werde. Und, das Entscheidende: »Weil ich so groß bin, hat der Arzt mir dringend geraten, Thrombosestrümpfe zu tragen.« So groß? Wie groß? Ich suchte auf der ganzen Seite nach einer Angabe und fand sie schließlich unter einem Foto, das den Mann mit seiner Freundin zeigte. Er war einen Meter fünfundachtzig, fünf Zentimeter kleiner als ich!

Diese Geschichte war der Auftakt zu einer Reihe von Artikeln, in denen sich verschiedene Zeitungen mit dem Thema beschäftigten. Die häufigste Überschrift lautete »Hohes Thromboserisiko bei Langstreckenflügen«. Offensichtlich hatten Wissenschaftler herausgefunden, dass die eingeschränkte Bewegungsfreiheit und die trockene Luft an Bord von Flugzeugen die Entstehung eines Blutgerinnsels in den Venen befördert. Gefährdet seien in der billig-engen Touristenklasse vor allem größere und dickere Menschen. Die einfache Rechnung: Je länger der Flug und je länger der Passagier, desto größer das Thromboserisiko. Dagegen würden Bewegung sowie regelmäßiges Trinken helfen – und eben das Tragen von Thrombosestrümpfen.

Das muss man einem Fernreiseangsthasen nicht zweimal sagen. Wir sind da nicht anders als Hypochonder. Wo wir uns schützen können, schützen wir uns. Was für den eingebildeten Kranken die Grippeimpfung, ist für den gut gewachsenen Fernreiseangsthasen die Thrombosevorsorge. Ich brauchte die Strümpfe, auch wenn mich der Kauf beinahe so viel Überwindung kostete wie die Buchung eines Fluges.

Selbstverständlich erzählte ich meiner neuen, der Asien-Freundin nichts davon und schob den peinlichen Akt so lange wie möglich auf. Bis einen Tag vor der Abreise, um es genau zu sagen. Erst dann ging ich in die Apotheke, in der ich mir vor dem Trip nach Asien einen Medikamentenkoffer hatte zusammenstellen lassen.

»Hallo, da sind Sie ja wieder«, begrüßte mich die Apothekenhelferin, der ich beim ersten Kontakt für mehr als hundert Euro Salben, Pillen und Elektrolyt-Pulver abgekauft hatte. »Sind sie aus Asien zurück?«

»Nein, nein«, antwortete ich, »wir«, schluck, »fliegen erst morgen.«

»Also haben Sie noch was vergessen?«

»Ich nicht«, log ich, »aber meine Freundin. Wissen Sie, die nimmt doch die Pille, und da hat sie gestern in so einer Frauenzeitschrift gelesen, dass dadurch die Thrombosegefahr bei Langstreckenflügen steigen würde. Deshalb meinte sie, also ...« Ich stockte, weil mir bewusst wurde, dass ich indirekt den Kauf von Thrombosestrümpfen mit den sexuellen Handlungen zwischen meiner Asien-Freundin und mir begründete und das ähnlich peinlich war wie die Strümpfe selbst. Egal, es gab kein Zurück.

»Und deshalb wollen Sie noch etwas Aspirin kaufen?«, fragte die Apothekenhelferin.

»Wieso Aspirin?«, fragte ich zurück.

»Weil das das Blut verdünnt.«

Logisch.

»Ja, Aspirin brauchen wir, am besten gleich drei Packungen. Vor allem aber wollte ich ...«, raus damit!, »... ein Paar Thrombosestrümpfe. Haben Sie so was?«

»Natürlich«, sagte die Apothekenhelferin. »Welche Schuhgröße hat Ihre Freundin denn?«

»Sechs...«, beinahe wäre ich auf meine eigene Geschichte hereingefallen. »Zweiundvierzig.«

»Da hat sie aber ganz schön große Füße ...«, sagte die Apothekenhelferin, »... und Glück: Das hier ist das letzte Paar.« Sie drückte mir ein kleines Paket in die Hand, ich lächelte dankbar, zahlte, ließ mir eine undurchsichtige Plastiktüte geben und verschwand. Zu hause versteckte ich das Teil in meinem Handgepäck-Rucksack, ohne es mir noch einmal anzusehen.

Ein Fehler, den ich keine vierundzwanzig Stunden später auf der Toilette des Flughafens Frankfurt bereuen sollte. Das Boarding für unseren Flug hatte begonnen und ich mich wegen angeblicher Bedürfnisse aufs Klo verpieselt. Mit Rucksack, was meine Asien-Freundin zum Glück nicht bemerkt hatte. Ich zog erst meinen rechten, dann den linken Strumpf aus, vorsichtig darauf achtend, dass ich mit den nackten Füßen nicht auf den schmuddeligen Toilettenboden kam. Erst danach holte ich das kleine Paket aus dem Rucksack, puhlte den Verschluss an der Seite auf und griff in der Erwartung zweier Teile hinein. Doch ich fischte nur eins heraus, das erstens viel länger und zweitens viel, viel peinlicher war als gedacht. Die Apothekenhelferin meines Vertrauens hatte mir nicht ein Paar Strümpfe, sondern eine Thrombosestrumpfhose verkauft. Ich wusste nicht, ob ich lachen oder weinen sollte. Ich wusste nur, dass meine Asien-Freundin angesichts der kleiner werdenden Boarding Schlange wohl unruhig werden würde und ich mich beeilen musste. Ich zog deshalb meine Jeans aus und zwängte mich auf einem Bein stehend in die Strumpfhose. Ich geriet mehrfach ins Wanken, musste mich zweimal an der Toilettenwand abstützen und hatte große Schwierigkeiten, die Strumpfhose bis über die Hüfte zu ziehen. Mir war schon warm, als ich die Toilette verließ. Die Thrombosestrumpfhosen-Verpackung hatte ich als Warnung für andere Fernreiseangsthasen auf dem Spülkasten zurückgelassen.

Wenigstens habe ich mich in den folgenden zwölf Stunden einigermaßen sicher gefühlt. Zumal ich auf Bitten meiner Asien-Freundin zusätzlich zur Strumpfhose dreimal gymnastische Übungen machte. Ich hätte natürlich nicht gemusst, konnte mich aus naheliegenden Gründen aber nicht verweigern. Das Letzte, was ich wollte, war, dass meine Asien-Freundin mitbekam, was da unter meiner Jeans gefährdete und weniger gefährdete Körperteile schützte.

Dabei wäre es beinahe zum GAU in zehntausend Meter Höhe gekommen, und wenn ich Ihnen im Folgenden die Geschichte erzähle, dann nur, wenn Sie mir versprechen, sie für sich zu behalten. Nicht weitererzählen! Niemandem!

Gut.

Es muss so nach drei, vier Stunden gewesen sein, als sich meine Asien-Freundin kichernd zu mir herüberbeugte.

»Guck mal hier, die Meldung«, sagte sie und hielt mir eine Frauenzeitschrift hin. »Das wäre doch etwas gegen deine Flugangst.« Sie zwinkerte mir mit dem linken Auge zu und legte ihre rechte Hand etwas zu hoch auf meinen Oberschenkel. Ich las, und mir wurde doppelt heiß.

»Sex ist das beste Mittel gegen Angst«, stand da, und weiter:

»Italienische Naturkundler wollen herausgefunden haben, dass sexuelle Aktivitäten das wirkungsvollste Mittel gegen Angstzustände sind. Geschlechtsverkehr wirke entkrampfend, setze Glückshormone frei und baue Stress ab, etwa vor Prüfungen, vor Flugreisen oder anderen Ereignissen, die den Betroffenen bevorstehen.«

»Na?«, zwinkerte meine Asien-Freundin und sah erst auf meinen Schoß und dann in Richtung Toilette. Ihre Hand wanderte weiter nach oben, ich musste sie mit dem Magazin verdecken, damit wir uns nicht dem Vorwurf der Erregung öffentlichen Ärgernisses aussetzten.

»Wie meinst du das jetzt?«

»Na, wenn dir das vielleicht hilft.« Sie tat, als würde sie mit der anderen Hand ihren Gurt lockern und fing leise an, wie Reinhard Mey zu singen: »Über den Wolken muss Sex einfach grenzenlos sein. Alle Ängste, alle Sorgen sagt man, blieben darunter verborgen und dann ...« Ich sah uns schon nacheinander auf der Toilette verschwinden, wo sie ihren Rock hoch- und meine Jeans herunterziehen würde, um dann ... Ich spürte ihre Hand direkt auf dem Thrombosestrumpfhoseneingriff. Zum Glück tat sich dahinter nichts, es war einfach zu warm.

»Die Vorstellung scheint dich ja nicht besonders zu erregen«, sagte meine Asien-Freundin. Wenigstens sang sie nicht mehr.

»Doch, doch, doch«, sagte ich, »allein der Gedanke reicht, um meine Flugangst zu vertreiben.«

»Siehst du, habe ich es doch gewusst!« Sie zog ihre Hand und das Magazin wieder zurück. Ich atmete tief durch.

»Also, jetzt doch nicht?«, fragte ich, zum Schein enttäuscht.

»Nein, natürlich nicht. Stell dir vor, die erwischen uns!«

Dich, mich und die Thrombosestrumpfhose – dachte ich, sagte aber nur: »Schade.«

Trotzdem hatte ich doppelt Grund, mich über die geglückte, sehr sanfte Landung auf dem Changi International Airport in Singapur zu freuen. Zum einen, weil ich den längsten Flug meines Lebens überstanden hatte, zum anderen, weil ich endlich die Strumpfhose würde ausziehen können. Wenn, ja wenn wir nicht im Laufschritt durch die Passkontrollen gewunken worden und unsere Koffer nicht die ersten auf dem Band gewesen wären. Beseelt von so viel Ankommensglück zerrte mich meine Asien-Freundin in ein Taxi, das uns zum Hotel bringen sollte und dessen Klimaanlage nur leidlich funktionierte. Bei gefühlten fünfundvierzig Grad fuhr ich eine halbe Stunde in Jeans UND Strumpfhose durch Singapur, und als ich das gute Stück endlich auf unserem Hotelzimmer ausziehen konnte, roch es, als hätte ich es vier Wochen am Stück angehabt.

Die Thrombosestrumpfhose war jahrelang mein treuer, nein, mein treuester Begleiter auf Reisen durch die ganze Welt. Erst meine Frau brachte mich dazu, mir ein paar Strümpfe zu kaufen. Sie hatte mich in einer, aus meiner Sicht ziemlich versteckten Ecke des Düsseldorfer Flughafens dabei erwischt, wie ich mir heimlich das antike Teil übergezogen hatte – es gibt sogar (ganz furchtbare) Fotos davon. So amüsant sie meinen Kampf mit der inzwischen sichtbar verschlissenen Strumpfhose fand, so sehr beharrte sie darauf, dass ich diesen Teil meiner Beinbekleidung erneuerte. Schon bei der nächsten Reise hatte ich wunderbare schwarze Thrombosestrümpfe, die nur Experten von herkömmlichen Socken unterscheiden können.

Die neunzehn Euro fünfundneunzig dafür hätte ich mir allerdings sparen können.

Denn während ich an diesem Kapitel sitze, vermeldet die Deutsche Presse-Agentur, dass das »Thromboserisiko bei Langstreckenflügen geringer als befürchtet« sei. Dies ginge aus einer neuen Studie hervor, diesmal von Wissenschaftlern aus Dresden. Sie belege zwar einen Zusammenhang zwischen langen Flugreisen und venösen Thrombosen, »dennoch könne Entwarnung gegeben werden«. Die Häufigkeit sei deutlich geringer, als bisher in den Medien diskutiert.

Das hättet ihr auch mal ein bisschen früher herausfinden können ...

# Wer hat an der Uhr gedreht?

Als die deutsche Fußball-Nationalmannschaft ihr Europameisterschafts-Qualifikationsspiel in Kasachstan absolvierte, tat sie einfach so, als würde es den Zeitunterschied von vier Stunden zur Heimat nicht geben. Trainiert wurde um Mitternacht, das Abendessen kam danach, und als es im kasachischen Astana langsam hell wurde, gingen die deutschen Gäste ins Bett. Extra dicke Vorhänge vor den Fenstern verhinderten, dass Licht in die Hotelzimmer fiel, die Zimmermädchen mussten ihre Uhren auf mitteleuropäische Zeit umstellen.

Das Experiment gelang. Die Nationalmannschaft gewann sowohl ihr Spiel als auch den Kampf gegen den nicht nur von Spitzensportlern gefürchteten Jetlag.

Leider kann ein normaler Mensch seinem Körper nur kurz verheimlichen, dass er mit einem Düsenflugzeug (englisch: Jet) das gewohnte Umfeld verlassen und nicht nur tausende Kilometer, sondern eine gehörige Zeitdifferenz (englisch: lag) hinter sich gelassen hat. Das geht vielleicht achtundvierzig Stunden gut, dann erwischt der Jetlag jeden, selbst Alex. Natürlich würde er das niemals zugeben – im Gegenteil. Alex behauptet, dass es reicht, vor dem Abflug die Armbanduhr auf die Zeit am Zielort einzustellen, um den Körper (seinen Körper!) an den neuen Rhythmus zu gewöhnen. »Jetlag«, pflegt er zu sagen, »ist eine Erfindung von Menschen, die am liebsten zu Hause bleiben wollen.«

Auf meiner ersten Amerika-Reise habe ich zunächst gedacht, dass er recht hat. Okay, ich brauchte, ein, zwei Tage, um mich an den Zeitunterschied zu gewöhnen, aber wirklich schlimm war das nicht. Meine Amerika-Freundin und ich wachten an den ersten beiden Morgenden um dreizehn Uhr deutscher Zeit auf, freuten uns, dass es erst sieben Uhr war, blieben noch zwei Stunden liegen und hatten einen wunderbar langen Tag, um uns New York anzusehen. Gut, abends gingen wir entsprechend früh ins Bett, aber unter besonders großer Müdigkeit, unter Stimmungsschwankungen, Appetitlosigkeit und verminderter Leistungsfähigkeit litten wir nicht. Dabei waren das die Symptome, auf die ich mich nach Lektüre der Fachliteratur eingestellt hatte. Am vierten Tag war der Jetlag eine Fernreiseangst, mit der ich glaubte, mich nie wieder beschäftigen zu müssen.

Bis wir drei Wochen später zurück nach Deutschland fuhren.

So einfach die Umstellung in die eine Richtung gewesen war, so schwer fiel sie in die andere. Wenn wir dachten, es sei morgens und irgendetwas zwischen neun und zehn Uhr, war es in Wirklichkeit bereits Nachmittag. Abends konnten wir weder am ersten noch am zweiten oder am dritten Tag vor drei Uhr in der Früh einschlafen. Ich fühlte mich wie in Watte gepackt, war unkonzentriert, schlecht gelaunt und brauchte am Ende über eine Woche, bis alles wieder so war, wie ich es aus der Zeit vor meinem Urlaub in Erinnerung hatte. Mit einem Satz: Es war furchtbar, obwohl ich meine Uhr im Flugzeug brav auf deutsche Zeit eingestellt hatte.

Inzwischen weiß ich, dass ein Einfluss der Flugrichtung auf die Ausprägung des Jetlags wissenschaftlich erwiesen ist. Wir empfinden den Zeitzonenwechsel deutlich stärker, wenn wir nach Osten fliegen – also etwa von den USA in Richtung

Deutschland oder von Deutschland in Richtung Asien – als umgekehrt. Das ist eine gute Nachricht für Amerika-Reisende, weil ihnen der Jetlag keine wertvollen Urlaubstage, sondern die erste Woche zurück daheim versaut. Und für diese Zeit kann man sich notfalls ja krankschreiben lassen.

In Asien und vor allem in Australien wird der Jetlag allerdings zu einer Plage, der man ansatzweise nur entkommen könnte, wenn man es wie die deutsche Nationalmannschaft machen würde. Aber wie schafft man es, wenn man nicht Bastian Schweinsteiger ist und sämtliche Mitarbeiter seines Hotels auf deutsche Zeit einschwören kann? Wie erholsam ist es, sein Mittagessen um Mitternacht einzunehmen und bei schönstem Sonnenschein ins Bett zu gehen? Und wer, bitte schön, erlaubt es einem normalen deutschen Gast, statt um elf Uhr Ortszeit erst zehn Stunden später auszuchecken? Richtig: niemand. Dabei könnte es sich für Urlaubsländer lohnen, wenigstens in den Hauptreisemonaten von lokaler auf Touristenzeit umzustellen: DAS wäre mal ein Argument, mit dem man Hunderttausende gut zahlende Fernreiseangsthasen anlocken würde.

Bis es so weit ist, müssen wir uns mit Verhaltensempfehlungen begnügen, die zum Teil von Alex kommen und deren Wirkungen nicht ansatzweise belegt sind. Hier sind sie, mehr oder weniger der Vollständigkeit halber:

1. Alex' goldene Regel: Stellen Sie die Uhr bereits bei Betreten des Flugzeugs auf die Zeit am Zielort und leben Sie fortan danach! Wenn es statt zwölf Uhr mittags auf einmal zehn Uhr abends ist, heißt das: Bier/Wein bestellen, austrinken, Zähne putzen, noch einmal zur Toilette gehen, einschlafen. Lassen Sie sich dabei auf keinen Fall von den Sicherheitsbelehrungen des Personals stören, ignorieren Sie die lärmen-

den Kinder um sich herum und lehnen Sie jede Mahlzeit ab! Versuchen Sie zu vergessen, dass der Abstand zu dem Sitzplatz vor ihnen nicht einmal zwanzig Zentimeter beträgt und Sie, wenn überhaupt, im Sitzen schlafen dürfen, weil das Businessclass-Ticket so teuer gewesen wäre wie die Urlaube der vergangenen drei Jahre zusammen. Augen zu und durch!

2. Achten Sie darauf, dass es um Sie herum erst hell wird, wenn es auch am Reiseziel hell ist! Meine Frau trägt dazu eine Schlaf-, ich eine sehr dunkle Sonnenbrille. Beides sieht ziemlich bekloppt aus und schützt leider nicht davor, dass der dicke Sitznachbar einmal alle zwei Stunden zur Toilette geht. Aber wenigstens müssen wir ihn dabei nicht auch noch sehen!
3. Versuchen Sie nach der Ankunft so zu leben wie die Menschen, die keinen zwölf, vierzehn oder vierundzwanzig Stunden langen Flug hinter sich haben! Verbringen Sie viel Zeit an der frischen Luft!
4. In der ersten Nacht darf und soll man möglichst lange schlafen, wobei die Betonung auf Nacht liegt. Es muss zumindest ansatzweise dunkel sein!
5. Zwischenstopps können helfen, den Körper schonend an die Zeitumstellung zu gewöhnen. Am besten wäre es, man würde von Zeitzone zu Zeitzone reisen. Kleiner Nachteil: Endlich am Ziel angekommen, dürfte der Urlaub vorbei sein.
6. Nehmen Sie keine Schlafmittel! Wobei das echte Fernreiseangsthasen in einem Flugzeug sowieso niemals machen würden ...

Es gäbe noch einen weiteren Tipp, den ich aber lieber weglasse, damit der Neid auf die Bonzen in der Business- und Firstclass nicht weiter wächst. Aber es kann hilfreich sein, statt eines normalen Sitzes eine Art Bett für sich zu haben und eine Stewardess, die eine nur um Millimeter verrutschte Decke sofort korrigiert ...

Wie auch immer: Es wird einige Tage dauern, bis Ihr Körper sich an die neue Zeit gewöhnt hat, wobei das offenbar bei älteren Menschen schneller geht als bei jüngeren. Wenn das keine gute Nachricht für die Fernreiseangsthasen-Generation vierzig plus ist! Weitere gibt es zu diesem Thema leider nicht, zumindest nicht für Menschen.

Mäusen hingegen, denen der Alltag in Deutschland zu trist geworden ist und die raus aus den dunklen Löchern in Kellern und Bauernhöfen hinein in die große weite Welt wollen, kann geholfen werden. Forscher des Max-Planck-Instituts haben eine Methode gefunden, mit der man bei ihnen die Folgen des Jetlags verringern kann. Für Mäuse, wahrscheinlich sogar für Fernreiseangsthasenmäuse, gibt es ein Medikament, das die Produktion eines Hormons der Nebenniere zeitweise blockiert. Dies steuert die Uhren anderer Organe wie Leber oder Gehirn – und wieder haben wir Menschen etwas dazugelernt. Es gibt nämlich nicht nur EINE innere Uhr, die analog jener am Arm umgestellt werden muss, sondern gleich MEHRERE. Ob Alex das weiß? Und, viel wichtiger: Ob sein Gehirn jemals synchron mit dem Rest des Körpers funktionieren wird?

Bei gedopten Mäusen geht das. Wenn die kleinen Nager in Singapur, Sydney oder Auckland aus dem Flugzeug getragen werden, sind sie deutlich entspannter als Kollegen, deren Nebennieren ganz normal gearbeitet haben. Das ist doch mal was!

Es bleiben drei Fragen offen.

Erstens: Müssen Mäuse Thrombosestrümpfe tragen?

Zweitens: Woher nahmen die vom Jetlag völlig erschlagenen Wissenschaftler die Kraft, die munteren Tiere nach der Ankunft noch gründlich zu untersuchen?

Und drittens: Kann das Medikament, das die Mäuse bekommen, auch Menschen helfen?

Wenigstens dazu gibt es eine klare Antwort. Sie lautet: Nach derzeitigem Wissensstand nicht.

# Nicht stechen!

Spätestens am Thrombosestrumpfhosenbeispiel haben Sie gemerkt, wie ehrlich ich zu Ihnen bin. Das wird auch in diesem Kapitel so sein, und deshalb gestehe ich vorweg: Ich habe meine Fernreiseziele in der Vergangenheit wesentlich mit Hilfe der Internetseite www.bni-hamburg.de ausgesucht. Das ist die Homepage des Bernhard-Nocht-Instituts, die große Datenmengen mit Reise-Informationen zu allen Ländern dieser Welt bereithält – und über die Krankheiten, die uns anderswo erwarten. Mit den Jahren bin ich, was etwa Dengue-Fieber, die eine oder andere Cholera-Epidemie sowie Tollwut angeht, etwas toleranter geworden. Für Malaria gilt das nicht. Sie ist für mich nach wie vor ein No-go. Ich habe keine Lust, die Tropenkrankheit, unter der jedes Jahr achthundert Millionen Menschen auf unserer schönen Welt leiden, zu bekommen. Ich bin nicht bereit, dagegen prophylaktisch Medikamente zu nehmen, die interessante psychische wie physische Nebenwirkungen haben können.

Alex würde natürlich sagen, dass die Mittel viel besser geworden sind und dass man nicht bekommt, was man nicht bekommen will. Aber Alex ist eben ein Spinner. Während er sich praktisch einen Schwarm Anopheles-Mücken herbeiwünscht, um später daheim erzählen zu können, wie er den niedlichen Tierchen trotz nacktem Oberkörper entkommen ist, wäre für mich schon ein Exemplar eine Belastung. Ich habe es versucht, ein Mal, in einem gemäßigten Malariagebiet auf Sri Lanka. Ich konnte die Reise, die allerdings auch sonst eher mäßig war, ab den frühen Abendstunden nicht mehr genießen, weil ich ständig Angst hatte, gestochen zu werden. Dagegen nutzten die Sprays wenig, die mir die Einheimischen empfohlen hatten und die ich ab fünfzehn Uhr fingerdick auf sämtliche nicht verdeckten Teile meiner Haut sprühte. Ich lauschte ständig in den Abendhimmel hinein, wurde bei jedem Surren nervös und verbrannte Moskito-Kois in einer Menge, die für ein Osterfeuer gereicht hätte. Zeitweise konnten meine Asien-Freundin und ich beim Abendessen angesichts der enormen Rauchentwicklung die Gäste an den Nachbartischen nur noch schemenhaft erkennen. Vom seltsamen Geschmack auf unseren Currys ganz zu schweigen.

Hinzu kam, dass ich die geöffnete Dose einheimischen Abwehrmittels, das mir in einer »Apotheke« empfohlen worden war, eines Nachts bei einem Gang auf die Toilette umstieß. Am nächsten Morgen war nahezu die halbe Platte der Kommode weggeätzt, auf der die Dose gestanden hatte. Was hatte der freundliche Verkäufer gesagt? »Very organic, very organic.« Genau ...

Nun ist es leider so, dass auf zwei Kontinenten, nämlich in Asien und Afrika, die Malaria fast überall vorkommt. Dies ist die schlechte Nachricht für immerhin acht von zehn Deutschen, die Angst davor haben. Aber natürlich habe ich auch jede Menge Mut machende Fakten gesammelt. Hier sind sie:

1. Selbst in Afrika und Asien gibt es einzelne Länder, die komplett malariafrei sind, zum Beispiel die Malediven oder Mauritius. Das mögen jetzt nicht unbedingt Alex' Lieblingsziele sein, weil nicht dreckig genug, für Fernreiseangsthasen sind sie aber im wahrsten Sinne des Wortes Paradiese.

2. In noch mehr Ländern beider Kontinente gibt es zu bestimmten Jahreszeiten oder in bestimmten, meist den touristischen Regionen keine Malaria. Wer will, kann sich sogar eine dementsprechende Reiseroute zusammenstellen lassen. Dies übernimmt zum Beispiel das erwähnte Bernhard-Nocht-Institut.
3. Insgesamt gibt es relativ wenige deutsche Fernreisende, die sich mit Malaria infizieren.
4. Bedrohlich wird es selbst für die Infizierten nur, wenn sie nicht rechtzeitig zum Arzt gehen. Was aber auch heißt: Wer in einem Malariagebiet war und innerhalb des nächsten halben Jahres grippeähnliche Symptome hat, sollte bei seinem Arzt immer erwähnen, dass und wo er Urlaub gemacht hat.
5. Die vielleicht eindrucksvollste gute Nachricht stammt von meinem Schwager. Der hat ein Jahr in einem der am schlimmsten von Malaria betroffenen Länder Afrikas als Entwicklungshelfer gearbeitet und durfte wegen des langen Aufenthalts keine Prophylaxemedikamente einnehmen. Und hat er Malaria bekommen? Nein!

Wobei mich ausgerechnet mein Schwager nachdenklich gestimmt hat, was den zweiten Punkt meiner kleinen Liste angeht. Er zumindest kann nicht verstehen, warum in Malarialändern ausgerechnet touristische Hochburgen von der Krankheit ausgenommen sein sollen. Woher, bitte schön, sollten die Mücken denn wissen, dass sie ausgerechnet dort nicht hinfliegen dürfen?

Da ist etwas dran, genauso wie an Zweifeln über die exakte Bestimmung von Malariaregionen. Inzwischen muss man das böse Wort sowie den Namen des Landes, in das man fahren will, nur bei Google eingeben und sieht innerhalb weniger

Sekunden eine Karte, in der alle gefährdeten Gebiete farblich markiert sind. Aber wo genau ist die Grenze? Gibt es an der einen Straße noch Malariamücken und an der anderen nicht? Und, noch komplizierter: Wenn ein Gebiet von Oktober bis April malariafrei sein soll, wer sagt den kleinen Biestern, wann welcher Monat ist? Wer garantiert dem Fernreiseangsthasen, dass er sich tatsächlich ab 1. Oktober, null Uhr, keiner Gefahr mehr aussetzt?

Weder Reiseveranstaltern, die bei gesundheitlichen Fragen meist auf die Tropeninstitute verweisen, noch Reiseratgebern darf man in diesem Punkt hundertprozentig vertrauen. Im Gegenteil, Letztere widersprechen sich gern, und das kann sehr ärgerlich sein.

Mir ist es bei einer für Fernreiseangsthasen sowieso nicht unbedingt zu empfehlenden Reise nach Burma so gegangen. Dabei hatte ich mich auf dieses Land, das ich ehrlicherweise vorher nicht gekannt hatte, nur wegen der Abwesenheit von Malaria eingelassen. Meine Asien-Freundin hatte mir für eine vierwöchige Tour im Januar/Februar fünf Reiseziele vorgeschlagen, allein für Burma spuckte mir der Experte des Bernhard-Nocht-Instituts eine Route aus, die komplett malariafrei war. Dankenswerterweise deckte sich diese mit dem Pauschalangebot eines Rundreisenanbieters. So buchten wir diesen Urlaub, nachdem ich in meinem Führer – nennen wir ihn einmal »Alles über Myanmar« – eine Bestätigung der Angaben gefunden hatte.

Umso entsetzter war ich, als sich unsere Reisegruppe nach fünfzehn überstandenen Flugstunden zur ersten gemeinsamen Sitzung in einem Hotel in Rangun traf (für die wenigen, die noch nie in Burma/Birma/Myanmar waren: Rangun ist die Hauptstadt!). Nachdem sich jeder kurz vorgestellt hatte, kam unsere Reiseleiterin direkt auf das Thema zu sprechen, das nach meinen Recherchen keines hätte sein dürfen.

»Und, habt ihr alle Malariaprophylaxe dabei?«, fragte sie.

Ich glaubte nicht richtig gehört zu haben.

»Wie meinst du das?«, fragte ich zurück.

»Wie meine ich was? Ich habe nur gefragt, wie das bei euch mit dem Schutz gegen Malaria aussieht.«

»Aber auf unserer Strecke gibt es doch gar keine Malaria«, sagte ich und sah zum Glück, dass ein paar der Mitreisenden nickten. »Das steht sogar in meinem Reiseführer.« Ich hielt »Alles über Myanmar« hoch, als wolle ich damit einen Moskito in der Luft erschlagen.

»In meinem steht aber etwas ganz anderes«, sagte eine füllige Mittvierzigerin, die mir schräg gegenübersaß und die ich von Anfang nicht hatte ausstehen können. Sie las die entsprechende Stelle aus dem Buch »Birma von A bis Z« vor, in dem von einer jahreszeitlichen Unterbrechung der Malaria nicht die Rede war.

Rangun, wir hatten ein Problem, zumal unsere Gruppe in zwei Teile zerfiel. Die einen hatten wie ich »Alles über Myanmar«, die anderen, wie die blöde Mittvierzigerin, »Birma von A bis Z«. Jeder hatte die Reise natürlich nach seinem Ratgeber geplant und hielt die Tipps des jeweils anderen für Unsinn. Beinahe wäre die Gruppe am ersten Abend an zwei Büchern und der wachsenden Unsicherheit ob der Malariagefahr auseinandergebrochen, wenn die Reiseleiterin nicht dazwischengegangen wäre. »Wird schon nichts passieren«, hatte sie gesagt. Und auf Rückfrage der »Alles-über-Myanmar«-Fraktion, ob denn auf einer ihrer früheren Reisen jemand an Malaria erkrankt wäre, hatte sie hinzugefügt: »Nein, natürlich nicht.«

Puh, das war knapp gewesen.

# Montezumas Rache

Zum Glück hat auf der waghalsigen Burmareise niemand Malaria bekommen, obwohl bis auf einen die meisten ziemlich zerstochen wurden. Wer dieser eine war, können Sie sich denken. Ich verbrauchte den Jahresvorrat einer achtköpfigen Familie an Antimückenspray, trug ständig weite, helle Kleidung und fand es wunderbar, dass es in jeder Unterkunft Geckos gab – gern direkt im Zimmer. Die gelten nämlich als beste Abwehr gegen Moskitos. Ich war froh, wenn über meinem Bett gleich mehrere hingen, und ignorierte die Exkremente, die sie taubengleich auf meine Bettdecke absonderten. Tatsächlich gelang es mir, in vier Wochen nur zwei(!) Mückenstiche zu bekommen, beide am rechten Fußgelenk und beide zwei Tage vor der Abreise. Das war in der Gruppe unerreicht und ließ mich zum ersten Mal an meinen Ängsten vor Malaria zweifeln.

Denn der Aufwand, den ich deswegen vor der Reise betrieben hatte (die dreißig Euro für das Gutachten des Tropeninstituts eingeschlossen), stand in keinem Verhältnis zur tatsächlichen Bedrohung. Diese Erkenntnis deckt sich im Übrigen mit den offiziellen Statistiken: Achtzig Prozent aller Deutschen haben Angst vor Malaria, aber nur einer von 100 000 Urlaubern infiziert sich.

Wenn es um Durchfall geht, ist die Sachlage nahezu umgekehrt.

Vor lauter Flug-, Malaria- und Wir-reisen-in-eine-Diktatur-

Angst hatte ich keinen Gedanken daran verschwendet, dass ich in einem Dorf am Ende der Welt stundenlang über der Toilette hängen könnte. Doch genau das tat ich, und diesmal war ich nicht der Einzige.

Wenn ich jetzt mit dieser eher unappetitlichen Geschichte beginne, ja, sie erzählen muss, dann vor allem, weil Durchfallerkrankungen auf Reisen die mit Abstand größte medizinische Bedrohung darstellen. Laut Robert-Koch-Institut trifft Montezumas Rache – was für eine niedliche Umschreibung – jeden dritten deutschen Urlauber. Da hilft es auch nicht, dass die braven Bundesbürger sich während ihrer Reisen häufiger die Hände waschen als daheim (wobei das nicht bei jedem etwas heißen muss ...). Selbstverständlich habe ich im Urlaub spätestens seit Ausbruch der Schweinegrippe immer ein Fläschchen Desinfektionsmittel dabei. Das nutzt jedoch wenig, wenn der Feind gar nicht in dem fremden Land lauert.

Der Feind, um im Bild zu bleiben, war in Burma eine Ärztin aus Deutschland. Wir hatten Rangun verlassen, um mit dem Zug in Richtung Bagan zu fahren, als es bei ihr losging. Niemand war auf der vierzehn Stunden dauernden Zugfahrt öfter als sie auf der Toilette, die aus einem Loch im Boden zwischen der ersten und der zweiten Klasse bestand.

»Sie muss sich schon wieder übergeben, die Arme«, teilte mir meine Asien-Freundin im Zwei-Stunden-Takt mit, und ich vermutete zunächst, dass die Ärztin unvorsichtigerweise eines der hartgekochten Eier gegessen hatte, die Jugendliche bei jedem Halt an den Fenstern anboten (»You want an egg?«).

»Die Arme«, sagte meine Asien-Freundin, »das Klo sieht wirklich furchtbar aus.« Sie hatte sich getraut draufzugehen, wobei drauf in diesem Fall geprahlt ist, weil man sich nirgendwo hinsetzen konnte. Ich vermochte mir kaum vorzustellen, wie Frauen sich über dem Loch erleichterten. Undenkbar war, dass ich dort einen Fuß hineinsetzen würde. Ich trank und aß so wenig, wie es nur ging, und war für den Notfall fest entschlossen, lieber in die leere Wasserflasche als ... Es kam nicht dazu, ich hielt durch, bis wir in unserem Hotel waren.

Die Welt schien wieder in Ordnung, als die Ärztin am nächsten Morgen zum Frühstück kam und verkündete, sich in der Nacht nur noch einmal erbrochen zu haben. Dafür hatte es zwei andere Reisefreunde verrissen. Sie schafften es mit Mühe und Not zum Bus, der uns zu unserem nächsten Ziel in den Bergen bringen sollte – unpassenderweise von Serpentine zu Serpentine. Selbst unter normalen Umständen hätte bei dieser Tour der eine oder andere zur Tüte gegriffen. So drohten die Papierbestände langsam knapp zu werden. Meine Asien-Freundin und ich hatten uns – vom Epizentrum so weit wie möglich entfernt – in eine Ecke des Busses verzogen. Sie musste mir angesehen haben, dass mir die Situation Sorgen bereitete:

»Wenn einer von uns beiden die Sache kriegen sollte, dann hoffe ich von ganzem Herzen, dass ich das bin«, sagte sie.

Das fand ich sehr nobel, hielt es aber für übertrieben, dass sie sich direkt beim nächsten Halt und ohne Vorwarnung in das Blumenbeet unseres Gasthauses übergab. Während ich nicht hinsehen konnte und hektisch meine Taschen nach Sagrotantüchern durchwühlte, reichte eine freundliche burmesische Köchin meiner Asien-Freundin eine Zitrone.

»Good against stomache«, sagte sie und hielt die Früchte allen Betroffenen – inzwischen waren es drei – unter die Nase. Die, die essen konnten, aßen etwas, dann fuhren wir, so schnell (und so wackelig) es ging, zu unserem nächsten Hotel. Meine Asien-Freundin verbrachte die folgenden anderthalb Tage wie jetzt vier andere aus unserer Gruppe im Bett, während ich mit dem Rest der Truppe einen Ausflug zu einer Höhle voller Buddhas unternahm.

Ich hatte vor, nicht krank zu werden – und wenn es das Letzte wäre, das ich tat! Ich mied sämtliche Toiletten der Hotelanlage, vor allem jene im eigenen Zimmer, verrichtete etwaige Geschäfte im Dunkeln irgendwo draußen und fasste keine Türklinke mit der bloßen Hand an. Das ganze Programm eben. Nein, hier wollte ich nicht über der Toilette hängen, mit einem unbekannten burmesischen Virus und ohne Aussicht auf medizinische oder sonstige Hilfe. Zumal unser Vorrat an »Immodium akut« genauso zur Neige ging wie die kleinen Tütchen mit Elektrolyten. Weil die »Birma-von-A-bis-Z«-Fraktion nicht genügend Medikamente mitgenommen hatte, mussten wir aushelfen. Den Rest unseres Bestands hatte meine Asien-Freundin verbraucht, und ich ärgerte mich, dass ich mir in der heimischen Apotheke nicht die doppelte Ration hatte geben lassen. Aber wer konnte schon mit so einer Epidemie rechnen? (Du, sagte ich mir, wenn einer sich darauf hätte einstellen können, dann du! Hättest du nur ein Zehntel der Zeit, in der du dich mit der Malaria beschäftigt hast, an Durchfall gedacht, dann ...)

Zum Glück waren die meisten Infizierten nach vierundzwanzig bis sechsunddreißig Stunden wieder fit, erstaunlich fit. Der Krankheitsverlauf hätte mir eigentlich einen Hinweis geben müssen. Tat er aber nicht. Stattdessen freute ich mich, als meine Asien-Freundin wieder auf den Beinen stand, als wäre nichts gewesen, und wir den Besuch der Buddha-Höhlen nachholen konnten.

»Ich bin so froh, dass du diesen Kram nicht bekommen hast«, sagte sie auf dem Rückweg zum Hotel. »Wenn sich deine Angst vor Fernreisen jetzt bestätigen würde – nicht auszudenken. Lieber übergebe ich mich noch einmal.«

Das konnte ich nun wirklich nicht zulassen. Ich schaffte es gerade bis zum Hotel, dann ging es bei mir los, gefühlt schlimmer als bei allen anderen. »Wären wir doch nach Dänemark ...«, konnte ich gerade noch sagen, bevor mein Kopf mit der Öffnung der Toilette verschmolz. Ich möchte mich nicht in Details ergehen, aber ich fühlte mich, wie sich die Gegner der Klitschko-Brüder nach einem Knockout fühlen müssen. Als es am nächsten Tag weiterging, saß ich allein in der letzten Reihe des Busses. Nein, nicht ganz allein, ich hatte eine Plastiktüte dabei ...

Wenigstens blieb mir auf diese Weise eine ausgedehnte Flussfahrt in der Dämmerung erspart, von der die wieder Genesenen Hunderte Mückenstiche mitbrachten. Ich hingegen verlebte den Rest des Tages im Hotelzimmer und stand nur einmal auf, um auf dem heimischen Markt ein paar Bananen zu kaufen. Als meine besorgten Mitreisenden am Abend von ihrem Ausflug zurückkamen, saß ich vor einer Schüssel Reis. Auch bei mir war der Brechdurchfall gegangen, wie er gekommen war. Und da ich der Letzte der Gruppe war, rätselten wir gemeinsam, woran es gelegen und was wir uns da eingefangen haben könnten. Im Laufe des Abends wurden wilde Theorien entwickelt, bis einer von uns auf die Idee kam, einfach mal die Ärztin zu fragen. Die machte so etwas schließlich beruflich. Hatte sie vielleicht eine Idee?

Sie hatte eine, und als sie uns zögernd davon berichtete, wusste ich, warum sie sich bis dahin aus der Diskussion herausgehalten hatte. Sie erzählte, dass es kurz vor der Abreise in ihrem Umfeld eine bemerkenswerte Häufung von Infektionen mit dem Norovirus gegeben hätte, und dass sie befürchtete, weil ja unsere Krankheitsverläufe alle so ähnlich und typisch gewesen wären, nun ja …

Ich glaubte es nicht. Wir hatten den Magen-Darm-Virus mitgebracht! Ausgerechnet wir, die hygienevernarrten Deutschen, waren mit diesem fiesen Erreger in eines der ärmsten Länder der Welt eingefallen. Mir taten die Burmesen leid, die die verseuchten Toiletten und Badezimmer hatten sauber machen müssen und die inzwischen wahrscheinlich selbst alle … Eigentlich dürfte Alex davon nie erfahren, weil er es hasst, wenn wir blöden Pauschalreisenden anderen Kulturen unseren Lebensstil aufzwingen. Genau das hatten wir auf grausame Weise getan!

Das Verrückte an der ganzen Geschichte ist Folgendes: Auf keiner anderen Reise habe ich bisher – toi, toi, toi – jemals wieder mit derartiger Übelkeit zu kämpfen gehabt, wenn man von der Schiffstour von Singapur nach Bintan (Indonesien) einmal absieht. Soll wohl heißen, dass es anderswo nicht immer gefährlicher sein muss als zu Hause.

Das Risiko von Durchfallerkrankungen auf Fernreisen bleibt trotzdem real, ähnlich wie die Furcht vor Toiletten. Ja, Sie lesen richtig: die Furcht vor Toiletten beziehungsweise die Sorge, ob es denn genug davon gibt am Reiseziel. Gut möglich, dass frau sich darüber in einem ganzen Kapitel auslassen könnte. Ich kann es nicht. Denn die Angst, im Falle eines Falles auf Reisen nicht rechtzeitig das entsprechende Örtchen zu finden, habe ich ausnahmsweise nicht. Aber natürlich weiß ich, dass es diese Sorgen gibt, unter anderem durch die Frauen in meiner Umgebung. Je älter diese werden, desto stärker orientiert sich die Wahl eines Urlaubslandes an der Klobrillen-Infrastruktur. Wer hat nicht erlebt, dass Oma/Mutter/Freundin kurz vor Verlassen des Hotels noch einmal »prophylaktisch« das WC aufsuchten? Wer hat sich mitten in der Innenstadt einer großen Metropole nicht auf die Suche nach Sie-wissen-schon, gemacht? Das Müssen-Können ist ein Faktor, und wenn es einen »Lonely Planet« für ältere Frauen geben sollte, wären die Autoren gut beraten, an den jeweiligen Orten nicht nur die Restaurants und Hotels, sondern vor allem die Toiletten zu testen.

Ich muss mich um wichtigere Themen kümmern.

# Es gibt nichts, was es nicht gibt

Leider erwarten uns in fernen Ländern nicht nur die drei Variationen von Malaria (tropica, tertiana, quartana) und unzählige Durchfallerkrankungen. Nein, die Liste der möglichen Krankheiten, Viren und Keime geht gegen unendlich, weswegen ich vor meinem ersten Asien-Trip mehr Zeit bei Ärzten verbrachte als meine Asien-Freundin mit der Lektüre ihrer Reiseführer.

Es war furchtbar.

Nicht nur dass sämtliche normale Impfungen entweder aufgefrischt oder gleich erneuert werden mussten, also Polio, Kinderlähmung, Tetanus. Dazu war eine doppelte Dosis gegen Hepatitis A fällig, und nur mit Mühe konnte ich dem Arzt ausreden, meinen sowieso schon geschwächten Körper noch mit Hepatitis-B-Antikörpern zu konfrontieren. Ich musste ihm dafür versprechen, auf keinen Fall Geschlechtsverkehr zu haben, zumindest nicht mit Einheimischen, und wenn, dann bitte mit Kondom. Das konnte ich reinsten Gewissens zusagen, weil ich nicht davon ausging, dass meine Asien-Freundin mich neben der Kultur auch in die Gruppensex- oder Swinger-Klub-Gewohnheiten des Kontinents einführen wollte.

Trotzdem bekam ich insgesamt drei (oder waren es vier?) Spritzen, die uns direkt zu einer Art Subangst vor dem Urlaub führen. Die Deutschen haben eine scheinbar angeborene Furcht davor, und ich kenne nicht wenige, die sich vom Zahnarzt die

Wurzelkanäle ohne Betäubung behandeln lassen, weil sie den Pikser so sehr fürchten.

Für sie könnten die Wochen und Monate vor einer Fernreise besonders hart werden. Je nach Reiseziel steigt die Zahl der empfohlenen Impfungen beziehungsweise Spritzen nämlich weiter. Wer in ein Gelbfiebergebiet reisen will (und ich stelle gern noch einmal die Frage: Will man das? Und wenn ja, warum?), muss sich schützen, weil es gegen dieses Fieber, das Blutungen in der Haut und den Organen verursacht, keine wirkungsvolle Therapie gibt. Auch gegen Typhus, der unter anderem in Osteuropa munter auf dem Vormarsch ist, kann und soll man sich impfen lassen. Und theoretisch gilt das Gleiche sogar gegen Tollwut. Ja, Sie lesen richtig, Tollwut.

Ich habe nur Zahlen aus dem Jahr 2002 gefunden, aber die sind wenig beruhigend. Danach reisten 2002 knapp zehn Millionen Deutsche in Tollwut-Risikogebiete, zu denen selbst die Türkei, die Dominikanische Republik und Thailand gehören sollen. Wer weiß schon, ob unter den Millionen herrenloser Hunde, die auf den Straßen ferner Länder ohne Steuermarken herumlungern, nicht plötzlich einer Schaum vor dem Maul hat? Das Risiko werde unterschätzt, sagen Experten.

»Das sind Idioten«, sagt Alex. Er, der die eine oder andere Unterkunft und den einen oder anderen Floh mit fremden Hunden geteilt hat, hat einen eigenen Schutz gegen Tollwut entwickelt: »Der Hund beißt dich nur, wenn du Angst zeigst. Also darfst du keine Angst zeigen!« Das sei in Deutschland nicht anders als irgendwo sonst auf der Welt. Punkt. Wobei sich in Deutschland die Zahl der tollwütigen Hunde nach meinen Erkenntnissen in Grenzen hält ...

Alex würde sich trotzdem weder gegen diese noch gegen die meisten anderen der genannten Krankheiten impfen lassen.

Das hat mehrere Gründe. Erstens glaubt er an die immunisierende Wirkung einheimischer Branntweine, mit denen er auf Reisen morgens gern mal gurgelt. Zweitens will er als Tourist, Verzeihung: als Reisender, die gleichen Bedingungen haben wie die Einheimischen. Und drittens dürften einem Mann, der zehn Euro für ein Hotelzimmer als Verschwendung betrachtet, die Kosten für Impfungen viel zu hoch sein. Für die Doppeldröhnung Hepatitis A werden etwa hundertzwanzig Euro fällig, Tollwut ist mit mehr als zweihundert Euro unerreicht. Hatte ich erwähnt, dass man dagegen gleich drei Spritzen bekommen muss?

Bei der Bekämpfung des guten alten Dengue-Fiebers würden selbst die nichts helfen. Denn dagegen gibt es keinen Schutz. Man bekommt es, oder man bekommt es nicht – übrigens durch Mücken, die anders als unsere Malariafreunde nicht nur ab Beginn der Dämmerung, sondern den lieben langen Tag aktiv sind. Ich selbst bin spätestens seit dem Oktober 2010 fatalistisch geworden, was diese vermeintlich subtropische Krankheit angeht. Schuld war ein zweiundsiebzig Jahre alter Mann aus Thüringen, der einen aus Fernreiseangsthasen-Sicht vorbildlichen Urlaub in Kroatien gemacht hatte: vierzehn Tage, unter anderem an der dalmatinischen Adriaküste, ein Ausflug nach Dubrovnik inklusive. Verständlich, dass man von solch einer Reise ein Andenken mitbringt.

Aber musste es unbedingt das Dengue-Fieber sein?

»Dengue-Fieber im Anflug« schrieben die deutschen Zeitungen daraufhin und konnten es nicht lassen, einen weiteren Fall in Frankreich zu finden. Dazu kam die Zahl der deutschen Urlauber, die sich infiziert hatten, und die von lächerlichen sechzig Anfang des einundzwanzigsten Jahrhunderts auf mehr als vierhundert gestiegen war. »Die Tropenkrankheit steht auch bei uns vor der Tür«, schrieb das »Hamburger Abendblatt« so nett. Und ich sah schon die führenden Wissenschaftler auf diesem Gebiet, wie sie lauthals fragten: »Wollen wir sie reinlassen?« Einer, Dr. Jonas Schmidt-Chanasit von meinem geliebten Bernhard-Nocht-Institut, sprach davon, dass es nur eine Frage der Zeit sei, bis in Süddeutschland die ersten infizierten Mücken auftauchten. War vielleicht doch nicht verkehrt, dass ich mich in meinem früheren Leben auf Dänemark und Föhr als Reiseziele konzentriert hatte, was, Alex?

Es gibt in fernen, fremden Ländern noch jede Menge anderer gesundheitlicher Bedrohungen, von denen ich hier stellvertretend nur einmal jene für Indien aufzähle (und dabei die weglasse, über die wir schon gesprochen haben):

*Bilharziose (Wurmkrankheit):* im Süßwasser des Ratnagiri-Distrikts
*Cholera (bakterielle Infektionskrankheit):* in mehr als elf Staaten, auch in Goa!
*Filariose (Wurminfektion):* an der Küste
*Fleckfieber (Infektion durch Läuse, Milben oder Zecken):* im Nordosten
*Japanische Enzephalitis (Tropenerkrankung):* fast überall auf dem Land
*Kala Azar (Infektion durch Parasiten):* vereinzelt
*Leishmaniasis (Infektionserkrankung):* im Osten
*Pest:* in mindestens zwei Staaten
*Zeckenbissfieber:* überall
*Darminfektionen:* das volle Programm mit Parasiten, Bakterien, Viren, Wurmbefall, Salmonellen, Amöben ...

Hatte ich nicht Alex mehr als einmal die Pest an den Hals gewünscht auf seinen selten dämlichen Touren durch die Welt? Lieber Alex, es tut mir leid, ich habe es nicht so gemeint! Ich konnte ja nicht ahnen, dass es die Pest wirklich noch gibt ...

# Kann man das wirklich essen?

Die Deutschen lieben ausländisches Essen. Zumindest, wenn sie zu ihrem Italiener, ihrem Griechen oder ihrem Chinesen gehen können. Jeder dritte lässt im Monat, man mag die Zahl kaum glauben, mehr als einhundert Euro in einem ausländischen Restaurant. Insofern dürfte fremdes Essen nichts sein, was einem deutschen Touristen Angst macht.

Wie kommt es dann bloß, dass die Reiseführer voll von Warnungen vor der Nahrungsaufnahme im Urlaub sind? »Kochen, braten, schälen – oder weglassen« ist eine der omnipräsenten Vorschriften, die meisten anderen beziehen sich auf den Gebrauch von Wasser. Ausgerechnet das aus unserer Sicht selbstverständlichste aller Lebensmittel kann im Ausland richtig gefährlich werden. Leitungswasser zu trinken, ist in großen Teilen Asiens oder Afrikas tabu (wenn es denn überhaupt welches gibt), damit gewaschenes Obst sowieso. Beim Kauf von Getränken in Flaschen muss man aufpassen, ob diese ordnungsgemäß verschlossen sind, von offenen Karaffen wird abgeraten. »Das soll nicht heißen, dass alles verkeimt oder schmutzig ist«, hieß es dazu in einer Sendung des Norddeutschen Rundfunks, die ich natürlich mit größtem Interesse verfolgt habe. »Aber es gibt eine Menge regionaler Keime, die wir nicht gewohnt sind. Und auf diese reagieren wir mit Magen-Darm-Problemen.« Jetzt wissen Sie, warum sich dieses Kapitel unappetitlicherweise an »Montezumas Rache« und »Es gibt nichts, was es nicht gibt« anschließt.

Die Sache mit dem möglicherweise verseuchten Wasser ist für mich längst zu einer Phobie geworden, die sich in vielen, scheinbar alltäglichen Situationen zeigt. In Restaurants in Asien bestelle ich Getränke nur mit dem panischen Zusatz »No ice, no ice, no ice!«, weil Eiswürfel schließlich nicht mehr und nicht weniger als gefrorene Bakterien sein können. Selbst im »The Strand« im burmesischen Rangun – auf dem Papier ein Fünf-Sterne-Laden und die beste Adresse der Stadt – habe ich die fälschlicherweise mitgelieferten Eiswürfel aus meinem Mango-Cocktail herausgefischt. Wobei mir die Entscheidung schwerfiel. Denn was war bitte schön gefährlicher: die bösen Würfel im Getränk zu lassen oder mit meinen sicher anderswie kontaminierten Fingern tief ins Glas zu greifen?

Meine Frau und ich haben in Risikoländern immer eine Flasche überprüftes Mineralwasser im Badezimmer stehen, das wir beim Zähneputzen und, noch wichtiger, beim Reinigen der Zahnbürste verwenden. Alex hält das für Verschwendung, weil Millionen Menschen vieles dafür geben würden, wenn sie das Wasser trinken könnten, mit dem wir unsere Zahnpastareste wegschwemmen. Wahrscheinlich hat er völkerrechtlich gesehen recht, aber in diesem Fall ist sich der Fernreiseangsthase leider der Nächste. Als Wiedergutmachung habe ich in Sri Lanka, den Malediven und Thailand die kleinen Shampooflaschen und Seifenstücke aus dem Hotel unter einheimischen Kindern verteilt.

Zurück zum Essen.

Natürlich würde ich nie wie Alex in einfachsten Garküchen einkehren. Ich habe eine Abscheu vor Restaurants, zu denen mittags die Hühner von einem zahnlosen Mann auf dem Fahrrad gebracht werden. Zwölf Stück kopfüber am Lenker hängend, ein weiteres Dutzend am Sattel, gesehen unter anderem in Thailand, alle mehr oder weniger am Leben. Für Alex wäre das sicher ein Zeichen von Frische, ich bekomme das Bild seit Jahren nicht mehr aus meinem Kopf. Wäre ich nicht damals bereits Vegetarier gewesen, ich wäre es spätestens zu jenem Zeitpunkt geworden.

In halbwegs saubere Restaurants trauen meine Frau und ich uns selbstverständlich hinein, die kleinen Sagrotantücher für Tisch und Hände immer griffbereit. Grundsätzlich liebe ich die thailändische/japanische/chinesische Küche, und leider übertreibe ich es in den ersten Urlaubstagen regelmäßig damit. Das hat bisher zwar nicht zu körperlichen Ausfallerscheinungen oder dem Einsatz von Kohletabletten geführt, wohl aber zu einem schnellen Abstumpfungsprozess. Nach spätestens einer Woche wird mir beim Anblick von Reis unwohl, nach weiteren sieben Tagen sehne ich mich nach Pommes oder irgendeinem Produkt, das aus Kartoffeln hergestellt wird. Und ich bin nicht allein: Auf unserer Burma-Reise bestellte die gesamte Gruppe nach zehn Tagen in einem für seinen ausgezeichneten Bratreis bekannten Restaurant French Fries! Mir haben Fritten nie wieder so gut geschmeckt, obwohl sie nach herkömmlichen Maßstäben viel zu fettig und versalzen waren. Wie gesagt: ein Traum.

Die Begeisterung der einheimischen Köche für ihre Nationalgerichte korrespondierte leider auch in Marokko nicht mit der unsrigen. Waren wir am Anfang verzückt über das einmalige Couscous und die farbenfrohen Tajins, stellten wir nach wenigen Mahlzeiten fest, dass sich die Auswahl stets auf diese beiden Gerichte beschränkte. Bis heute kann ich Couscous nicht mehr sehen, obwohl das einst eines meiner Lieblingsgerichte war. Die dazu passenden Gewürzmischungen, die wir uns in einem ersten Rausch hatten andrehen lassen, haben wir sämtlich an Freunde, Bekannte und Verwandte verschenkt, die noch nicht in Marokko waren. Wahrscheinlich fahren sie jetzt auch nicht mehr hin.

Nahrungsmittel sind ja sowieso beliebte Mitbringsel, aber nicht immer für den langen Transport geeignet. Unser Schlüsselerlebnis hatten meine Frau und ich auf Ko Samui beziehungsweise der Rückreise von dort. An einem unserer letzten Abende gab es im Hotel ein Curry-Büfett. Umgerechnet zwanzig Euro pro Person, fünf verschiedene Sorten und mehr als dreißig Zutaten zur Auswahl. Das musste ich, das mussten wir machen, zumal wir den Koch für uns allein hatten. Die anderen Gäste saßen im italienischen Restaurant.

Wir probierten alle denkbaren Variationen und ließen uns die Freude daran etwas zu stark anmerken. Auf jeden Fall fragte der Koch, ob wir die Currypasten mit nach Hause nehmen wollten. Den Geschmack des nussigen Panang auf den Lippen, war das ein verheißungsvolles Angebot. Der Koch schwor, dass die Pasten wochenlang haltbar seien, wenn wir sie zu Hause nur schnell in den Kühlschrank stellen würden. Wir bestellten für dreißig Euro Currygrundmasse, die uns am Abreisetag vierfach verpackt und, Zitat, »extra verschweißt« überreicht wurde.

Noch vom Flughafen in Ko Samui aus luden wir die ersten Freunde zu einem original thailändischen Curry-Abend ein. Den gab es zwei Tage später tatsächlich, allerdings in einer überarbeiteten Form. Was wir in unserem Geschmackstaumel nämlich nicht bedacht hatten, war, dass die Verpackung vielleicht nicht so gut sein könnte wie die Currys selbst. Das rote hatte sich weiträumig auf den Blusen meiner Frau verteilt, das grüne war bis auf meine Socken durchgesickert. Das gelbe tropfte noch ein Jahr später – wir waren längst in Australien unterwegs – aus dem Kofferrand. Ich musste ihn mit Taschentüchern ausstopfen, erst dann war Ruhe.

Den Geruch haben wir allerdings nie ganz rausbekommen.

# Nicht ohne meine Badelatschen

Dass für Frauen Sauberkeit im Leben eine größere Rolle spielt als für Männer, ist ein Allgemeinplatz, und wer es nicht glaubt, sollte mit einer Frau zusammenziehen und versuchen, in die eigene Toilette im Stehen zu pinkeln.

Auf Reisen reicht der Anspruch an die hygienischen Umbeziehungsweise Zustände noch weiter. Ich habe noch keine Frau erlebt, die sich außerhalb Deutschlands einfach so auf die Brille eines WC's gesetzt hätte. Entweder hocken sie sich darüber oder legen den Rand Stück für Stück mit Klopapier aus, bevor es losgeht.

Auf den Touren mit wechselnden Partnerinnen habe ich zudem die Institution der Haus-Flipflops kennengelernt, ohne die sich offenbar die wenigsten Frauen in fremden Zimmern bewegen. Zu diesem Thema gibt es inzwischen, den unzähligen Reiseportalen im Internet sei Dank, beinahe repräsentative Befragungen. Danach nehmen mehr als die Hälfte der Deutschen ihre eigenen Flipflops/Badelatschen in den Urlaub mit. Das ist bemerkenswert, weil weltweit nur jeder zehnte eine derartige Vorsorge gegen Fußpilz trifft.

Wobei das nicht der Hauptgrund für unsere Flipflop-Manie zu sein scheint. Meine Frau beispielsweise ekelt allein der Gedanke, wer oder was alles schon über den Hotelteppich gegangen sein könnte. Schweißfüße? Hundepfoten? Kakerlaken? Es sei widerlich – und ich fange mir jedes Mal einen Tadel ein, wenn ich auf Socken durch unsere Vier- bis Fünf-Sterne-Zimmer gehe. Längst hat sie mir zwei Paar Flipflops geschenkt, die ich aber regelmäßig zu Hause vergesse.

Das würde meiner Frau nie passieren, eher würde sie mich irgendwo zurücklassen.

Umso schlimmer war für sie eine Geschichte, die sich auf unserer Reise durch Norwegen ereignete. Ich hatte mich ein paar Monate zuvor von meiner Asien-Freundin getrennt und zu meinem Erstaunen eine Frau kennengelernt, die Europa noch nie verlassen hatte. (Damit sind die drei Damen, die Sie und mich durch dieses Buch begleiten, komplett: die Amerika-Freundin, die Asien-Freundin und meine Frau. Dazu Alex, fertig!)

Das hörte sich gut, nein, das hörte sich fast nach einer Fernreiseangsthäsin an. Mein Eindruck bestätigte sich, als meine Frau widerspruchslos in eben jene dreiwöchige Tour nach Norwegen (mit dem Auto!) einwilligte und ich wenig später ihren Tick mit den Flipflops mitbekam. Das dunkle, ziemlich mitgenommen aussehende Gummi-Paar war das Erste, was sie bei der Ankunft in einem Hotel oder Bed & Breakfast aus-, und das Letzte, was sie bei der Abreise einpackte.

»Wenn die weg sind, ist die Reise für mich zu Ende«, hatte meine Frau zwischen zwei Fjorden gesagt, als ich sie wegen ihrer Latschenmanie aufzog. Nun begab es sich, dass wir den Koffer mit den Flipflops an einem Schiffsanleger auspacken mussten, weil ich in dessen Tiefen unsere Fahrkarten vermutete. Ich fand sie exakt in jenem Moment, als wir auf die Fähre fahren sollten. Hektisch sammelten wir den Kofferinhalt zusammen, und ich war mir sicher, auch die Flipflops verstaut zu haben.

Doch als wir in der nächsten Unterkunft ankamen und

meine Frau wie gewohnt ihre »Flippies« anforderte, konnte ich sie nirgendwo finden. Weder in der Seiten- noch in der Innentasche des Koffers, und auch in keinem anderen unserer fünf Gepäckstücke. Mir wurde heiß, meine Frau saß mit in der Luft hängenden Füßen auf einem Hotelsessel.

»Das ist jetzt nicht dein Ernst«, sagte sie.

»Wie, das ist jetzt nicht mein Ernst?«, fragte ich zurück.

»Du hast jetzt nicht meine Flippies am Schiffsanleger stehen lassen. Das kann doch wohl nicht wahr sein, meine lieben Flippies ...«

Ich sah das traurige Paar vor mir, wie es auf trockener norwegischer Erde stand, ausgesetzt in einem fremden Land, die Fähre mit Frauchen am Horizont verschwunden.

Können Badelatschen weinen?

»Natürlich habe ich sie nicht da stehen lassen, nun bleib mal ganz ruhig«, sagte ich und fing von vorn an zu suchen. Ich fand die Flipflops nicht, und der Urlaub wäre wahrscheinlich zu einem Desaster geworden, wenn nicht zwei Tage später einer der beiden Freunde während der Fahrt unter meinem Sitz hervorgerutscht wäre. Offensichtlich hatten wir das Paar in der Eile ins Auto geschmissen und dort vergessen. Egal, in diesem Moment kurz vor dem Geirangerfjord war alles wieder gut, und ich habe fortan auf die Flipflops aufgepasst wie sonst nur auf meine Thrombosestrumpfhose.

Wobei ich meiner und allen anderen Frauen, die sich in der Fremde ohne Badelatschen nicht fortbewegen, eine Frage stellen muss: Wenn ihr eure Füße so fanatisch schützt, warum macht ihr das nicht mit euren Händen? Wie selbstverständlich fasst meine Frau mit blanken Fingern jeden Türgriff an, auch den vom Hotelbadezimmer, und hat keine Probleme damit, sich mit derselben Hand Erdnüsse oder Gummibären in den

Mund zu schieben. Ja, im Zweifel leckt sie die Finger ab, obwohl doch jeder Reisende weiß, dass sich die meisten Bakterien, Bazillen und Viren auf eben jenen Türgriffen befinden und nur darauf warten, im wahrsten Sinne von der Hand in den Mund zu leben.

Ich achte penibel darauf, nicht in Hautkontakt mit Griffen, Wasserhähnen oder anderen kontaminierten Flächen zu kommen, und würde niemals ein Brötchen aus der nackten, nichtdesinfizierten Hand essen. Meine Frau, die Flipflop-Frau, hält das für übertrieben und macht sich auf unseren Reisen (und nicht nur dort) über mich lustig, wenn ich Kekse mit Servietten greife und Türen mit dem pullovergeschützten Ellbogen aufstütze. Dabei habe ich die Wissenschaft auf meiner Seite. Forscher haben nicht nur herausgefunden, dass sich Millionen Keime in fremden Badezimmern, in Waschbecken und an Türen verbergen. Viel interessanter ist eine Studie über den Verbleib der Fäkalien aus den Toiletten fahrender Züge. Schon einmal darüber nachgedacht? Nein? Das sollten Sie aber tun! Das Ergebnis liegt – schönes Wortspiel – auf der Hand. Man muss sich nur überlegen, was mit einem halben Liter Wasser passieren würde, wenn man ihn bei hundertfünfzig Stundenkilometern aus dem Fenster eines fahrenden Zuges schüttet.

Ganz genau: Das Wasser landet zu neunzig Prozent an der Außenfläche des Zuges, an den Fenstern, an den Rädern, an den Türen. Jetzt wissen Sie endlich, warum es Menschen wie mich gibt, die Ihnen beim Öffnen von Bahntüren den Vortritt lassen. Wir sind nicht besonders höflich, wir sind nur besonders vorsichtig. Und wir nehmen auch den Vorschlag eines Mediziners ernst, der im Fernsehen davor gewarnt hat, gerade auf Reisen(!), gerade im Ausland(!) die Toilettenspülung bei offenem Deckel zu betätigen. Durch die Kraft des Wassers können nämlich übelste Keime aus dem Becken gepeitscht und per Tröpfcheninfektion in den Körper eines unbescholtenen Fernreiseangsthasen dringen. Deckel zu, Keime tot!

»Das schreibst du jetzt aber nicht in deinem Buch«, hatte meine Frau gesagt, als ich mir während des TV-Beitrags Notizen machte. Natürlich schreibe ich das, und ich schreibe auch, dass ich nach jeder Rückkehr aus einem Urlaub sämtliche Gepäckstücke auf unserem Dachboden mit Sagrotan desinfizieren und dort eine Woche liegen lassen muss, um anschließend nachzusehen, ob wir vielleicht doch irgendwelche fremden Tiere mitgebracht haben.

Haben wir bisher nicht, und ich erklärte meine Frau ob derartiger Angstvorstellungen für verrückt, ohne ihr zu verraten, dass meine Asien-Freundin tatsächlich einmal einen daumengroßen Käfer in ihrem Rucksack von Sri Lanka nach Deutschland transportiert hatte. Das Tier sprang ihr nach der Ankunft mitten ins Gesicht, zum Glück hatte sie den Mund zu.

Alex hätte diese Geschichte sicher mit Genuss erzählt. Ihm kann es, wie allen Backpackern (wie liebe ich diese Verallgemeinerungen! Herrlich!) nicht arm, nicht dreckig und nicht versifft genug sein. Er verachtet Menschen, die in ihrem Urlaub Wert auf ein Minimum an Hygiene legen, und wählt bewusst immer die Unterkunft aus, die einer Bahnhofstoilette am nächsten kommt. Wobei – Überraschung! – selbst Alex ein Paar Badelatschen besitzt. In einem Nebensatz erzählte er davon, als er von einer Reise durch Bangladesch zurückgekehrt war. Und natürlich waren die Flipflops nur Mittel gewesen, um eine seiner Heldenstorys zu transportieren. Übrigens wieder im wahrsten Sinne des Wortes.

Irgendwer hatte Alex unvorsichtigerweise gefragt, ob Bangladesch nicht das Vaterland des Ungeziefers sei und er sich nicht sehr geekelt habe. »Es ging«, hatte Alex geprotzt, und dass der eine oder kleinere Mitbewohner auch sein Gutes habe. »An einem Morgen kam mir zum Beispiel mein rechter Flipflop aus dem Badezimmer entgegen. Das ist doch mal ein Service, oder?«

Ein Kakerlaken-Service. Womit wir beim nächsten Kapitel wären.

# La Cucaracha

Weil ich gerade so viel von meiner und anderen Frauen spreche, möchte ich ein Kapitel über eine Form der Fernreisephobie einschieben, die etwa zehn Prozent der Deutschen plagt. Es geht um die Angst vor Spinnen, Insekten und allem, was man von daheim nicht kennt, zumindest nicht aus dem Bett, dem Badezimmer oder dem Joghurt. Mir macht dieses Getier nichts aus, solange es kein Überträger von Krankheiten ist. Und so geht es wahrscheinlich den meisten Männern, Frauen sehen das oft anders, meine eigene ganz besonders. Sie hat eine extreme Abneigung gegen Kakerlaken und ist bereit, jeden Urlaub abzubrechen, sollten wir einer begegnen. Dabei ist sie – siehe Flugzeuge, Malaria, Kriminalität – ansonsten die deutlich Mutigere von uns beiden und vor allem diejenige, die mich quasi von Fernreise zu Fernreise peitscht. (Leider bestätigte sich der oben geschilderte erste Eindruck nicht. Tatsächlich hatte meine Frau, bis sie mich kennenlernte, Europa nie verlassen. Doch schon auf unserer Norwegenreise beschloss sie, dass das ein Fehler gewesen sei. Seitdem sind bei uns zwei bis drei Fernreisen im Jahr die Regel! Ich liebe sie trotzdem.)

Doch bei Kakerlaken endet der Mut, und um von meinen Unzulänglichkeiten abzulenken, will ich erzählen, warum. Es begann auch in der Kindheit, was meine These bestätigt, dass Fernreisephobien in der Regel eine Vorgeschichte haben. Meine Frau war zwischen zehn und zwölf Jahre alt und mit ihren Eltern in einem Hotel in Bayern, wo sie jeden Morgen leckeren Joghurt aß. Zumindest so lange, bis es verdächtig zwischen ihren Zähnen knackte. Meine Frau hörte auf zu kauen, holte einen halbierten Insektenkörper aus ihrem Mund und zeigte ihn ihrer Mutter.

»Mama«, sagte sie, »ich glaube, da war eine Kakerlake in meinem Joghurt.«

»Sei ruhig und iss weiter!«, war die Antwort. Eltern!

Seitdem ist meine Frau traumatisiert, was mir bisher die wirklich heftigen Reisen erspart hat. Schließlich ist die Wahrscheinlichkeit, in Indien auf Monsterkakerlaken zu treffen, deutlich höher als etwa auf den benachbarten Malediven oder in New York. Wobei, und das habe ich meiner Frau nicht erzählt, ich genau in New York der größten Kakerlake meines Lebens begegnet bin. Es war auf einer der zwei Überseereisen mit der Amerika-Freundin in einer Seitenstraße der Fifth Avenue. Wir waren kurz vor Mitternacht auf dem Rückweg vom Restaurant ins Hotel, als ich plötzlich einen Schatten auf der Straße sah. Erst hielt ich ihn für eine Maus, dann für eine Ratte, dann prallte ich auf einen Mann, der abrupt vor mir stehen geblieben war: »La Cucaracha«, flüsterte er und zeigte auf das für eine Kakerlake erstaunlich große Tier. »The biggest one in the world.« Wir wagten nicht, uns zu bewegen, und der Mutter allen Ungeziefers schien es genauso zu gehen. Erst als ein Auto heranpolterte, flüchtete es in einen schwach erleuchteten Hauseingang. »Youth hostel« las ich auf dem Schild davor, und ich weiß nicht, was ich dafür gegeben hätte, wenn Alex dahinter geschlafen hätte. Seine Badelatschen hätte er auf jeden Fall vergessen können.

Wobei der Backpacker sich nicht annähernd so sehr vor Kakerlaken ekelt wie weibliche Fernreiseangsthasen. Im Gegenteil: Alex misstraut gerade in Asien allen Hotels, Pensionen und B&Bs, in denen es nicht einmal die Spur davon gibt. »Wenn du in einer Unterkunft in Asien nicht eine einzige Kakerlake siehst, kann das nur einen Grund haben: Die haben die Zimmer von oben bis unten mit hochgiftigen Insektiziden besprüht«, behauptet er. Und die seien auf jeden Fall gesundheitsschädlicher als die freundlichen Flipflop-Kellner.

Klingt ausnahmsweise logisch.

Zumal bei allem Ekel nach wie vor umstritten ist, ob beziehungsweise in welchem Maß Kakerlaken Krankheiten übertragen können. Überhaupt, was heißt übertragen? Da einen die kleinen Tierchen ja schlecht anhusten können, muss man sie ganz oder in Teilen verzehren, um sich etwas wegzuholen. Und wer isst im Ernst außerhalb des RTL-Dschungelcamps Kakerlaken? Also meine Frau und ihre Sättigungsbeilage im bayrischen Joghurt nicht mitgerechnet.

Nein, die gesundheitlichen sind nicht die größten Probleme, die die wahrscheinlich schnellsten Bodeninsekten der Welt mitbringen.

Angst machen sie Reisenden und Hoteliers, weil sie widerstandsfähiger als jeder Backpacker, weil sie die Rüdiger Nehbergs der Ungezieferwelt sind. Sie ernähren sich von allen möglichen und unmöglichen Dingen, pflanzen sich selbst unter dem Einfluss der giftigsten Vernichtungsmittel fort. Die Reproduktion ist sowieso ihre größte Stärke. Registriert man als Inhaber oder Gast in einem Hotel eine Kakerlake, ist es deshalb meist eh schon zu spät. In Verstecken sind dann so viele Eier abgelegt, dass es für die nächsten drei, vier Saisons locker reicht. Mag sein, dass der Zimmerservice in Einzelfällen Abhilfe schaffen kann. Grundsätzlich lässt sich das Problem am besten dadurch lösen, dass man sich eine neue Unterkunft sucht. Was immerhin dem Fernreiseangsthasen leichter fallen dürfte als dem Hotelbesitzer.

Meine Frau und ich würden angesichts ihrer traumatischen Kindheitserlebnisse auf jeden Fall beim kleinsten Kakerlakenalarm fliehen. Nur einmal noch hat sie den Kampf gegen den übermächtigen Gegner aufgenommen. An einem asiatischen Strand, ich weiß nicht mehr in welchem Land, hat sie heldenhaft eine sich dort sonnende Kakerlake einen guten Meter tief in den Sand eingebuddelt. »Das ist meine Rache für den Joghurt«, hatte sie gesagt, als das Werk vollendet war. Zum Glück sah sie nicht, wie die Kakerlake wenige Sekunden später ihr Köpfchen aus der Grube steckte, sich den Sand vom Körper schüttelte und in Richtung des Hotels flitzte, aus dem wir wunderbarerweise bereits ausgecheckt hatten.

Spätestens seit dieser Szene weiß ich, dass die Dinger unbesiegbar sind und die Forderung meiner Frau, nach jeder Reise unser Gepäck gründlich zu säubern und zu inspizieren, berechtigt ist. Selbst Experten raten, Koffer abzusuchen (wir machen das mit einer Taschenlampe), um auszuschließen, dass man unbemerkt Eierpakete aus dem Urlaub mitgebracht hat. Nicht auszudenken, was passierte, wenn wir plötzlich nahkampferprobte Thai-Kakerlaken in unserer schönen Hamburger Wohnung hätten und ...

Entschuldigen Sie die kleine Unterbrechung, aber mir fiel eben ein, dass wir die zwei Buddhastatuen, die wir von unserem letzten Südostasientrip mitgebracht haben, nie richtig gecheckt haben. Das habe ich in den vergangenen Minuten nachgeholt und glücklicherweise nichts gefunden, das nach Kakerlakenbrut aussieht (dafür aber einen kleinen Aufkleber mit der Aufschrift »Made in China«, was mich erst nachdenklich werden ließ und dann auf die Idee gebracht hat, etwas über die berechtigte Angst vor gefälschten und überteuerten Souvenirs zu schreiben ...).

Bevor ich mir darüber und über die Frage Gedanken mache, ob ich die E-Mail-Adresse des Buddhaverkäufers noch habe, will ich zumindest kurz auf weiteres Kleingetier eingehen, das uns im Urlaub über den Weg laufen kann. Für Bettwanzen ist jeder Reisende bei der Wahl seines Quartiers ein Stück weit mitverantwortlich (vier bis fünf Sterne reduzieren die Wahrscheinlichkeit deutlich), vor Mücken sollte man sich mit den üblichen Mitteln – lange Kleidung, Moskitonetz, Klimaanlage an, Fenster zu – schützen. Bei Skorpionen empfiehlt es sich, Abstand zu halten, wobei ich aus eigener Erfahrung sagen kann, dass es nicht schlimm sein muss, wenn man sich ihnen bis auf eine Zehenspitze nähert. Mir ist das in Thailand auf dem Weg zur nächsten Garküche passiert, und ehrlich gesagt hatte ich den Eindruck, dass der Skorpion mehr Angst vor mir hatte als ich vor ihm.

Ameisen, normale Flöhe, Sandflöhe dürften kaum ein Grund sein, seine Reiserücktritts- oder -abbruchversicherung zu aktivieren, für Ratten sind in dem einen oder anderen Land sogar eigene Tempel erbaut worden. Blutegel sollte man, Zitat Alex, »einfach abziehen und weitergehen«. So hätte er es auf jeden Fall immer am Amazonas gemacht. Und hat es ihm geschadet? Ja, Alex, das hat es.

Habe ich etwas vergessen? Natürlich: Spinnen. In einem Ekel-Ranking, das die Zeitschrift »P.M.« rechtzeitig vor Erscheinen dieses Buch erstellt hat, liegen sie hinter Kakerlaken, vor denen sich fünfundfünfzig Prozent der Deutschen fürchten, und Ratten (neunundvierzig Prozent) auf Rang drei. Wobei ich zum Ende dieses Kapitels nicht über Spinnen schreiben werde, wie wir sie ab und an im Badezimmer haben oder im Ferienhaus der Schwiegereltern. Nein, hier geht es um richtige Spinnen – Spinnen, die so groß wie Handflächen sind und Beine wie Mittelfinger haben. Willkommen in Australien.

Dieser Kontinent kann all jenen, die unter Arachnophobie leiden, nicht direkt empfohlen werden. Bücher wie »Dangerous Australian Animals« stehen dort in jedem Haushalt wie bei uns die »Gelben Seiten«, selbst in den großen, sauberen Städten sind giftige Tiere ein Problem. Kurz bevor meine Frau und ich nach Down Under flogen, bekam ich von Alex eine E-Mail zum Thema, die ich Ihnen an dieser Stelle nicht vorenthalten will. Sie drehte sich auf gut einer Din-A4-Seite um Erlebnisse, die andere Backpacker in Australien mit gefährlichen und megagefährlichen Spinnen gehabt hatten und sie endete mit folgendem Absatz:

»Den Vogel schoss allerdings eine Freundin ab, die in einem Kindergeschäft in der Innenstadt von Melbourne eingekauft hatte. Als sie in einem Regal ein T-Shirt für ihr Patenkind suchte, spürte sie auf einmal einen Stich in der Hand, der so schmerzhaft war, dass sie sofort die Tasche fallen ließ. Innerhalb von Sekunden schwoll der Zeigefinger auf die dreifache Größe an. Gleiches taten dann die Hand und schließlich der Arm. Sie musste mit dem Notarztwagen ins nächste Krankenhaus gebracht werden, wo sie gerade noch rechtzeitig das Gift gegen den Biss der gefährlichen Redback-Spinne erhielt. In diesem Sinne: Schönen Urlaub, dein Alex.«

# Am Pool sind zu viele Schlangen

Ein einziges Mal ist es mir vor dem Erscheinen dieses Buchs gelungen, Alex aus seiner Backpacker-Coolness zu locken. Ich hatte ihn beim Einkaufen getroffen und er sofort damit begonnen, von seiner jüngsten Reise zu erzählen. Als er von einem Bürgerkrieg schwadronierte, in den er beinahe hineingeraten wäre, durchbrach ich den Wortschwall:

»Warst du eigentlich jemals in Australien?«

Es dauerte etwas, bis die Worte durch die Wand des »Mann-war-das-wieder-gefährlich«-Monologs drangen und dessen Urheber erreichten. Nach etwa einer Minute stockte Alex, griff sich eine Gurke aus dem Gemüseregal und sah mich geringschätzig an.

»Was hast du gefragt?«

»Ich wollte wissen, ob du schon mal in Australien gewesen bist«, sagte ich und bemühte mich, so gelangweilt wie möglich zu klingen.

»Äh, Australien, na klar«, antwortete Alex, »warte mal, das muss vor zwei, drei Jahren gewesen sein, da war ich in ...«, er sah aus, als ob er nachdächte – ein Widerspruch in sich. »Jetzt habe ich es wieder, ich bin von Bangkok für ein Wochenende nach Melbourne geflogen. War ganz okay.«

»Also warst du gar nicht richtig dort.«

»Doch, klar, oder ist Melbourne nicht Australien? Interessiert mich nicht, das Land, ist quasi wie die USA, nicht ehrlich genug. Wieso fragst DU?«

»Weil ich da hinfahre.«

»DU willst nach Australien? Ist auf Bornholm alles ausgebucht?«

Sehr witzig, dachte ich. Alex grinste dämlich, wie üblich.

»Du weißt aber schon, dass man da mit dem Auto nicht hinkommt, oder?«

Ich reagierte wieder nicht.

»Du willst wirklich vierundzwanzig Stunden fliegen?«

Es waren zwanzig, schlimm genug, und ich sagte immer noch nichts. Ich hatte schon als Kind davon geträumt, durch Australien zu reisen, zumindest so lange, bis mir bewusst wurde, dass das ohne Flug nicht gehen würde. Danach hatte ich Australien unter der Rurik »Man kann nicht alles haben« abgelegt, bis ich dank Amerika- und Asien-Freundin die Flugangst im hohen Alter überwunden hatte. Nun sprach, bis auf die unendliche Entfernung, nichts mehr gegen meinen Traumurlaub. Australien hatte alles, was ich mir wünschte: vor allem keine Malaria, keine Terrorgefahr, kaum Kriminalität, dafür Wohlstand und Sicherheit für alle. Da musste ich hin und hatte deshalb Australien nach kurzer Rücksprache mit meiner Frau zur verspäteten Hochzeitsreise erklärt. Einen Großteil der nicht unerheblichen Reisekosten hatten meine Eltern übernommen, was die Entscheidung noch leichter gemacht hatte. Als ich Alex traf, waren es nur noch zwei Wochen bis zum Abflug. Ich war aufgeregt, natürlich, aber auch stolz. Ich würde das ganze Land sehen, nicht bloß Melbourne.

»Sagst du auch mal was?«, fragte Alex.

»Was?«, fragte ich zurück, als hätte ich die letzten Minuten nicht richtig zugehört.

»Also fährst du wirklich nach Australien? Wie lange?«

»Vier Wochen.«

»Pauschalreise, natürlich.«

»Mietwagen, und dann mal sehen, was der ›Lonely Planet‹ so rät.«

»Du hast einen ›LP‹ gekauft?« Alex sah aus, als hätte ich ihm erzählt, dass ich früher eine Frau gewesen sei.

»Ist das Normalreisenden verboten?«

Er reagierte verlangsamt. »Yannik Mahr hat sich einen ›LP‹ gekauft, ich fasse es nicht. Auf Deutsch, oder?« Ich nickte, und das schien ihm wenigstens etwas von seiner Backpacker-Ehre zurückzugeben.

»Dann wünsche ich dir viel Spaß beim Lesen. Freu dich auf das Kapitel, in dem es um die australische Tierwelt geht. Du weißt, dass neun der zehn giftigsten Arten da unten zu Hause sind? Oder waren es zehn von zehn?« Alex lachte laut. »Grüß auf jeden Fall die Stingers von mir.«

Was er damit meinte, erfuhr ich erst, als ich auf dem nicht enden wollenden Flug von Singapur nach Adelaide den Reiseführer Seite für Seite durcharbeitete. Das hebe ich mir immer für die Anreise auf, auch, weil es dann zu spät ist umzukehren. Unter der harmlosen Überschrift »Flora und Fauna« fand ich, wovon Alex gesprochen hatte. Normalerweise preisen Kapitel dieser Art die artenreiche, faszinierende Tier- und Pflanzenwelt. Für Australien lasen sich die Seiten wie das Drehbuch eines Horrorfilms. Bezeichnenderweise war »Der weiße Hai« vor den Küsten des fünften Kontinents gedreht worden. Bereits die dritte Zwischenüberschrift lautete »Killer«. Es folgte eine ungewöhnlich lange Aufzählung von Spinnen, Schlangen, Krokodilen, Quallen und Fischen, die ein gemeinsames Hobby hatten: töten. Aus jeder Gattung hatte sich offenbar die giftigste Art in Australien niedergelassen, sowohl zu Lande als auch und vor allem im Wasser. Ich hatte gerüchteweise gehört, dass an einigen Stränden in der Zeit von November bis März das Baden lebensgefährlich sei (wir waren passenderweise im Januar unterwegs) und deshalb verboten wäre. Einer meiner drei Reiseführer ging noch weiter. Nachdem sämtliche toxischen Meeresbewohner aufgezählt und unter anderem die durch einen Tintenfisch ausgelöste, qualvolle Atemlähmung beschrieben worden war, schloss der Autor mit folgenden Worten: »Alles in allem erscheint der Hotelpool doch als eine gute Alternative zu einem Bad im Meer.«

Ich musste lachen. Erstens, weil der Satz ungewollt lustig war, zweitens, weil er mir übertrieben erschien, und drittens, weil ich bis dahin keine Angst vor Tieren gehabt hatte – weder vor kleinen noch vor großen. Eine Laune der Natur oder, wenn Sie so wollen, die berühmte Ausnahme von der Fernreiseangsthasen-Regel. Wobei mich der letzte Teil unseres Australien-Trips auch in diesem Bereich nachdenklicher werden ließ.

Meine Frau und ich hatten in Port Douglas, unweit des Great Barrier Reef, die teuersten Hotelzimmer aller Reisezeiten gebucht. Was uns, wie gesagt, leichter fiel, weil wir sie nicht bezahlen mussten. Die Übernachtung im Doppelzimmer kostete umgerechnet dreihundert Euro, der Name des Hotels versprach Luxus, und die sämtliche Gebäude umspülende Lagune schien mindestens die Hälfte des Preises wert zu sein.

So kann man sich täuschen.

Das Hotel war heruntergekommen, die Zimmer waren für fünf Sterne erschreckend gerockt und der größte Teil der Lagune eine Baustelle. Immerhin plätscherte vor unserer Terrasse ein Rest hellblaues Wasser, das jeden Abend von Dutzenden Fackeln beleuchtet wurde. Das entschädigte etwas für den Gesamteindruck bei Tageslicht und inspirierte mich, meine Frau nach dem Abendessen zu einem romantischen Spaziergang entlang der Lagune zum Strand einzuladen. Ich weiß nicht mehr, ob wir zwei Gläser und eine Flasche Wein dabeihatten, aber es hätte gepasst.

Leider kamen wir nicht weit – um genau zu sein, bis zum Rand der Lagune. Von hier aus wären es zweihundert Meter bis zum Strand gewesen, man konnte das richtige Meer durch die Blätter der Palmen erkennen. Es war Vollmond. Was für eine Nacht!

»Was machen Sie denn hier?« Eine Frau in dunkler Hoteluniform leuchtete uns mit einer Taschenlampe direkt ins Gesicht.

»Wir sind Gäste des Hotels«, sagte ich und zog reflexartig die Schlüsselkarte aus meiner Hosentasche.

»Trotzdem sollten Sie nachts hier nicht herumlaufen«, sagte die Frau und ließ die Taschenlampe rauf- und runterwandern.

»Wir können ganz gut sehen, keine Angst. Wir wollen nur kurz zum Strand.«

»Tut mir leid, das dürfen Sie nicht«, sagte die Frau, um auf das »Why?« meiner Frau hinzuzufügen: »There are too many snakes around here.« Bitte was? Schlangen am Pool eines Fünf-Sterne-Hotels, das für eine Übernachtung vierhundert Kracher berechnete? Es kam noch schlimmer: Der Strand hinter dem Schlangengehege war ebenfalls nicht zu gebrauchen. Große Schilder warnten wie einst Alex im Supermarkt: »During the summer months marine stingers exist in these waters. Stingers can cause serious injury and entering ocean during this period is done so at guest risk.« Wahrscheinlich, denke ich heute, war das einer der gefährlichsten Orte der Welt: Am Strand die tödlichen Stingers, am Pool hochgiftige Schlangen und im Frühstücksraum ein Waffeleisen, an dem ich mir den Daumen der rechten Hand so stark verbrannte, dass ich eine Woche lang kein warmes Wasser darüberlaufen lassen konnte, ohne dass es brannte wie ein Spinnenbiss.

Dass wir doch noch, ein Mal!, vor der größten Insel der Welt schwimmen gegangen sind, lag an dem Mut meiner Frau und an einer Art Ganzkörper-Thrombosestrumpfhose. In die, genauer gesagt in einen hellblauen Neoprenanzug mit Mütze, zwängte ich mich auf unserem Ausflug zum Great Barrier Reef und ließ mich, so geschützt, mit Hunderten anderer Touristen ins Meer plumpsen. Ich hätte es übrigens auch ohne getan, lieber Alex, aber das war nicht erlaubt! Mehr Spaß hat es mit dem hautengen Teil sowieso gemacht, zumindest meiner Frau. Wahrscheinlich hätte allein mein Anblick einen weißen Hai abgeschreckt ...

Gesehen haben wir weder den noch eine Schlange noch ein Krokodil. Wenn man ein bisschen aufpasst und auf die Anweisungen einheimischer Taschenlampenbesitzer hört, ist es mit den Tieren in Australien vielleicht gar nicht so gefährlich, wie Alex und die Reiseführer meinen. Wobei ich mich bei der Recherche für dieses Buch über eine Internetseite gewundert habe, die die Artenvielfalt auf dem Subkontinent mit den Risiken des deutschen Autoverkehrs verglich. Nach dem Motto: zu Hause kann ihnen schließlich auch etwas passieren, stellen Sie sich wegen ein paar Schlangen am Pool nicht so an!

Schlimmer geht es sowieso immer, zum Beispiel in Malaysia. Das ist nun wirklich die letzte Geschichte zu diesem unerfreulichen Thema, und ich gebe zu, dass sie glücklicherweise nicht mir passiert ist. Sondern, Sie werden es sich denken, Alex.

Der war mit dem Fahrrad durch Südostasien unterwegs und hatte sich wie gewohnt in den fürchterlichsten, weil damit angeblich ehrlichsten Hütten eingemietet. Für jene Behausung, in der unsere kleine Story spielt, hatte er umgerechnet fünf Euro pro Tag bezahlt, statt eines Bettes gab es eine Hängematte. Wie das »Badezimmer« ausgesehen hat, mag man sich kaum vorstellen. Genau dort musste sich Alex jedoch unverhältnismäßig oft aufhalten, weil er in der Garküche um die Ecke gegessen hatte. Fisch, was sonst. Der Backpacker-Legende schoss es nach eigenen Angaben aus allen Rohren, der Fisch lernte ein weiteres Mal schwimmen. Alex pendelte zwischen Bett und Toilette wie der ICE zwischen Hamburg und Berlin, also etwa im Anderthalbstundentakt.

Bei einem der Stopps über der Klobrille – das Schlimmste stand noch bevor – wunderte sich unser Mann über das zweite Rohr, das sich ihm aus den trüben Tiefen des Wassers entgegenstreckte. Er beugte sich weiter hinunter – was ob seines Gesundheitszustands und der zu erwartenden Eruption sowieso angeraten war –, um in der nächsten Sekunde mit ungeahnter Energie hochzuschnellen und den schmutzigen Deckel auf die Brille zu knallen.

Wenige Minuten später hatte er sich dorthin geschleppt, was in anderen Hotelanlagen Rezeption genannt werden würde, und stammelte etwas von »snake in the toilet«. Ein gelangweilter Angestellter sah sich die Sache an, wirkte wenig erfreut und hatte am Ende keine Lust, sich mit dem Tier anzulegen. Schließlich rät schon jeder halbwegs vernünftige deutsche Reiseführer davon ab. Hinzu kam, dass die Schlange aus der Toilette dem Bild einer extrem giftigen Art in einem eilends zurate gezogenen Bestimmungsbuch ähnelte.

Was Alex die verbleibenden zwanzig Stunden bis zur Abreise gemacht hat? Ich weiß nur, dass er einen bis oben mit Wasser gefüllten Eimer auf das Klo stellte …

»Da hatte selbst ich mal Schiss«, hat er später erzählt, und wir nehmen zu seinen Gunsten an, dass sich das nicht nur auf die Magen-Darm-Verstimmung bezog. Immerhin ging es ihm dabei wie fünf Prozent der Deutschen. So viele haben größten Respekt vor Schlangen, ob nun in der Toilette, im Swimmingpool oder – ganz etwas Ungewöhnliches – in der Natur.

# Arm, aber dreckig

Ich esse gern indisch, lese Bücher indischer Autoren, sehe indische Filme und habe sogar schon einmal an einer echten Hindu-Zeremonie teilgenommen. Nur in Indien war ich noch nie. Das hat einerseits mit den interessanten einheimischen Krankheiten zu tun sowie damit, dass ich – anders als Alex – eben nicht daran glaube, durch die Einnahme von Spirituosen zum Frühstück dagegen immun zu sein. Anderseits bin ich mir nicht sicher, ob sich der indische Alltag und meine Ansprüche an einen Urlaub in Einklang bringen lassen. Womit wir bei einem grundsätzlichen, beinahe philosophischen Unterschied zwischen Backpackern und Fernreiseangsthasen, zwischen Alex und mir wären.

Ich habe es aufgegeben, ihm erklären zu wollen, dass ich an den knapp dreißig Urlaubstagen, die mir der Tarifvertrag im Jahr zugesteht, möglichst viel Schönes sehen und erleben will. Sonne, weiße Strände, blaues Meer, exotisches Essen, fremde Kulturen, nette Menschen, tolle Hotels. Eigentlich will ich – wollen wir das nicht alle? – es besser haben als zu Hause. Das ist beim Wetter leicht, bei den Lebensumständen schwieriger, weil wir schließlich aus einem der reichsten Länder der Welt kommen. Deutschland liegt auf Platz zehn des Human Development Index, da wird die Luft nach oben dünn.

Die Luft nach unten nutzt Alex voll aus. Denn für ihn, der es sich im feinen Hamburg-Eppendorf in einer neunzig Quadratmeter großen Wohnung behaglich gemacht hat, der einen roten Z3 fährt und in seinem Job als Wertpapierexperte streng auf gute Kleidung und perfektes Auftreten achtet, kann es im Urlaub gar nicht arm und dreckig genug sein. Derselbe Mann, der in Hamburg niemals auf die Idee käme, in wohlstandsferne Stadtteile wie Veddel, Mümmelmannsberg oder Wilhelmsburg zu fahren, begibt sich auf Reisen freiwillig in die ärmsten Länder, um dort in den billigsten der billigen Hotels zu wohnen und für sein Essen auf der Straße nur ein paar Cents zu bezahlen. Natürlich könnte sich Alex Vier- und Fünf-Sterne-Hotels leisten, natürlich könnte er statt in den Sudan nach Mauritius fahren, nach Singapur anstelle von Indien. Aber er tut es nicht. Während andere arbeiten, wo ich Urlaub mache, macht er Urlaub, wo andere arbeiten, ach was, verhungern, leiden, betteln, sich bekriegen.

Armut schreckt Alex nicht ab, sie zieht ihn magisch an. Es macht ihm nichts aus, an Leprakranken vorbei durch die Elendsviertel zu ziehen. Es stört ihn nicht, wenn alte Menschen in einer indischen Großstadt auf der Straße leben, wobei man nicht genau weiß, ob sie das wirklich tun. Nein, genau DAS ist für ihn Reisen, mit weitem Abstand von den normalen Touristenströmen. Ob sie nicht schrecklich seien, all diese Bilder von Leid, Not und Lebensverhältnissen, die aus unserer Sicht nicht den Namen verdienten, habe ich ihn einmal gefragt.

»Schrecklich wäre es, wenn ich irgendwo auf meinen Reisen einen Pauschaltouristen treffen würde. Das wäre der Horror, nicht eine Station für Leprakranke.«

Er meint das ernst, und damit es dieses Kapitel nicht wird, will ich erzählen, wie ich zumindest versucht habe, meine Scheu vor Schmutz und Armut zu bekämpfen. Es sollte der Test für eine mögliche Reise nach Indien sein, und er ist leider gründlich missglückt. Ich bin nach Sri Lanka gefahren, weil meine Asien-Freundin und etliche Reiseführer gesagt hatten, das sei der ideale Einstieg in die Region. Das war es auch, aber leider nicht so, dass ich auf eine schnelle Wiederholung Lust bekommen hätte. Es begann damit, dass sich unsere Gruppen- als Zwei-Personen-Reise mit einem einheimischen, immerhin lustiges Deutsch sprechenden Fahrer entpuppte. Der hatte nichts Besseres vor, als gleich am ersten Tag mit uns auf einen Markt zu fahren, dessen bloßer Anblick einen deutschen Lebensmittelkontrolleur unwiderruflich in den Vorruhestand getrieben hätte. Ich verlor hier – zwischen schrecklich stinkenden Fischen und anderen Tierkadavern, zwischen Müllbergen und Menschenmassen – kostbare Urlaubsstunden und spürte am frühen Abend einen seltsamen Geschmack in meinem Mund. Ich suchte vergeblich nach dem Verursacher, bis ich meine Unterlippe nach unten klappte und darunter etwas zum Vorschein kam, was ich noch nie gesehen hatte und hier lieber nicht beschreiben will.

Ich zeigte es unserem Fahrer-Führer, der nickte und mich in eine Art Supermarkt fuhr, der eine kleine Apothekenecke hatte. Nachdem ich vergeblich auf Englisch versucht hatte, mein Problem zu schildern, klappte ich auch hier meine Unterlippe runter. Der Verkäufer starrte eher gelangweilt darauf, nickte wie unser Fahrer und drückte mir eine Tube mit roter Paste in die Hand, die die nächsten Tage mein ständiger Begleiter sein sollte. Zur Ehrenrettung des heimischen Apothekers sei gesagt: Sie wirkte.

Das änderte allerdings nichts daran, dass ich mich in Sri Lanka unwohl fühlte. Bei unserer ersten Überlandfahrt hielt ich es nur anderthalb Stunden auf dem Rücksitz des Autos aus. Nach dem vierundneunzigsten Überholmanöver in einer engen Kurve schrie ich erst entkräftet auf und musste mich dann mehrfach übergeben. Kurioserweise tat ich dies direkt neben einem Schwein, das angeleint am Straßenrand stand. Wir hatten angehalten, weil meine Asien-Freundin dringend die »Toilette« eines kleinen Ladens benutzen wollte, die sich einmal mehr als einfaches, zugelaufenes Loch im Boden entpuppte.

So ging es weiter, barfuß durch überlaufene und schmuddelige Tempelanlagen, vorbei an Flüssen, die mehr Müll als Wasser transportierten, immer das eine Ziel vor Augen: unser Hotel. Wenn wir abends am extrem leckeren indischen Büfett saßen, konnte ich nicht glauben, dass unser Führer irgendwo im Nebengebäude ein kärglich möbliertes Zimmer mit drei, vier anderen Menschen teilte und ein paar Meter entfernt Großfamilien auf demselben Raum lebten, den unser Badezimmer einnahm.

Ich fühlte mich nicht wohl, ich fühlte mich schmutzig – auch im übertragenen Sinne, weil ich, der Tourist, in einem fremden Land so viel besser lebte als die Menschen, die hier zu Hause waren. Mag sein, dass das Typen wie Alex guttut, dass es sie irgendwie erdet und sie sich dadurch selbst besser spüren. Ich stellte mir von Tag zu Tag die Frage, warum ich mir das hier antat, eine Rundreise für knapp zweitausend Euro pro Person, zehn von dreißig Urlaubstagen einfach weg. Am Ende zählte ich die Stunden herunter und war froh, als wir in der Emirates-Maschine saßen, die uns von Colombo nach Dubai bringen sollte. Der Abflug war für mich der schönste Moment dieses Urlaubs, und Sie wissen ja inzwischen, was das heißt. Für diese Art von Reisen war und bin ich nicht gemacht und werde es nie sein.

Indien muss warten.

Wobei ich – auch das gehört zur Wahrheit im Leben eines Fernreiseangsthasen – eines der ekligsten Erlebnisse ausgerechnet in einem der wohlhabendsten Teile der USA gemacht habe, genauer gesagt in Sarasota. Es war das Ende einer Mietwagen-Tour durch die Südstaaten, und weil meine Amerika-Freundin hier einmal als Austauschschülerin gewesen war, hatten wir ein paar Tage in Florida drangehängt. Wir kamen spät am Abend an, ein Hurrikan war vorhergesagt. Der Wind blies scharf, und wir waren froh, schnell ins Hotel zu kommen. In ein Hotel, das zu einer großen, sehr großen Gruppe gehörte. Wir checkten ein, griffen den Schlüssel (Schlüssel statt Karte, das hätte uns nachdenklich machen müssen!) und verschwanden auf unser Zimmer im vierten Stock. Das Licht funktionierte nicht richtig, was wir auf den herannahenden Sturm schoben und weswegen wir nur Umrisse des Raumes erkennen konnten. Er gefiel uns, insbesondere die mintgrüne Tapete. Und weil wir müde waren, schliefen wir schnell ein.

Erst am nächsten Morgen – der Hurrikan war vorüber, die Sonne fiel hell ins Zimmer – sahen wir, dass es sich bei dem am Abend so lieblich erscheinenden Ton mitnichten um Farbe handelte. Die Wand unseres Zimmers war ursprünglich weiß gewesen wie die der meisten Hotelzimmer. Doch inzwischen hatte sich von der Decke her ein grüner Schimmelfilm Richtung Boden gezogen. Es war so widerlich, und wir hatten darunter geschlafen! Wir beschwerten uns, sahen uns ein anderes Zimmer an und noch eines, bis wir endlich keinen Schimmel mehr fanden.

Seitdem habe ich, der Badelatschen-Verweigerer, eine Paranoia, wenn ich ein Hotelzimmer betrete. Ich sehe mir jeden Winkel, das Badezimmer zuerst, und – jetzt kommt es – die Klobürste an, soweit sie denn vorhanden ist. Sie stellt nach meiner Erfahrung einen sehr guten Indikator für die hygienische Gesamtsituation dar.

Was eben diese angeht – und das ist nun wirklich die letzte Wahrheit in diesem Kapitel –, können selbst die Hotels in ärmeren Ländern mit jenen in Amerika mithalten. Während ich in New York zwei Nächte in einem Zimmer verbracht habe, dessen Boden neben einem gammeligen Teppich eine ein Zentimeter hohe Feuchtigkeitsschicht zierte, waren nahezu alle asiatischen Hotels, auch die für fünfzig Euro die Nacht, extrem sauber und gepflegt. Überhaupt scheint mir aus dem einstigen Mutterland des gehobenen Hotelkomforts so etwas wie die Stieftochter geworden zu sein. Wer die neuen Sterne-Stars erleben will, muss nach Bangkok oder Kuala Lumpur fahren anstatt in den Big Apple. Auch wenn die Amis das nicht gern hören ...

# Zu Risiken und Nebenwirkungen fragen Sie das Auswärtige Amt

Manchmal tut man etwas Gutes, und dadurch wird alles schlimmer. Das war bei mir so, als ich damit anfing, mich im Internet über die Sicherheit von Fluggesellschaften und die medizinische Situation in möglichen Reiseländern zu informieren. Dabei stieß ich zwangsläufig auf die Internetseiten des Auswärtigen Amtes sowie dessen Sicherheitshinweise – und eins, zwei, drei hatte ich die nächste Fernreiseangst. Bis zu meinem ersten Kontakt mit der Homepage www.auswaertiges-amt.de hatte ich mir über Terroranschläge, Überfälle auf und Entführungen von Touristen nämlich keine Gedanken gemacht – wahrscheinlich, weil Kopf und Körper komplett mit der Flugangst beschäftigt gewesen waren. Das änderte sich, als meine Frau vorschlug, nach Mexiko zu reisen. Das war an sich kein Problem, weil das Land malariafrei und mit der Lufthansa erreichbar ist. Doch dann las ich bei www.auswaertiges-amt.de Folgendes:

»Die Kriminalität stellt in Mexiko ein erhebliches Sicherheitsrisiko dar. Allein in Mexiko-Stadt werden täglich mehrere Hundert kriminelle Delikte gemeldet, die Dunkelziffer dürfte wesentlich höher liegen.

Den gewaltsamen Auseinandersetzungen zwischen staatlichen Sicherheitskräften und der organisierten Kriminalität sowie der Drogenbanden untereinander sind 2009 mehr als sechstausend Menschen zum Opfer gefallen.

In Mexiko-Stadt sollten nur Taxis von offiziellen Taxiständen oder telefonisch bestellte benutzt werden. Bei auf der Straße angehaltenen Taxis besteht besonders nach Einbruch der Dunkelheit die Gefahr, ausgeraubt zu werden.

Bei Fahrten mit der Untergrundbahn sollten Geld und Wertsachen nicht sichtbar am Körper getragen werden. Aber Achtung: Manche Diebe sind auch auf den Diebstahl von verdeckt getragenen Gürteltaschen spezialisiert.

Weitere Hinweise für Ihre Sicherheit:

1. Achten Sie bei Menschenansammlungen auf Ihr Gepäck.
2. Leisten Sie Anweisungen von Ordnungspersonal Folge und verhalten Sie sich zurückhaltend.
3. Sollten Sie Opfer eines Überfalls werden, leisten Sie keinerlei Gegenwehr, da die Täter sofort von ihren Waffen Gebrauch machen.
4. Vermeiden Sie bei Dunkelheit einsame Viertel und Fahrten mit dem Pkw.
5. Auf Fahrten als Anhalter unbedingt verzichten.
6. Verzichten Sie auf auffälligen (Mode-)Schmuck und nehmen Sie Geld und Wertsachen nur im erforderlichen Umfang mit.
7. Vorsicht an Geldautomaten: Lassen Sie sich Geld möglichst nur in Begleitung auszahlen und achten Sie auf auffällige Personen in Ihrer Umgebung.
8. Fahren Sie im Pkw nur mit geschlossenen Fenstern und verriegeln Sie die Türen.«

Danke, Auswärtiges Amt! Mexiko, das kurz darauf auch noch den erfolgreichen Ausbruch der Schweinegrippe vermeldete, war für mich erledigt. Was ich meiner Frau gegenüber natürlich nicht mit der Angst vor dem einen oder anderen bewaffneten Raubüberfall mit anschließender Organentnahme, sondern mit der Bedrohung durch H1N1 begründete, das die Weltgesundheitsorganisation dankenswerterweise in den Stand einer Pandemie erhoben hatte. Wenn man es genau nimmt, habe ich den Medizinern die anschließende Ersatzreise nach Marokko zu verdanken.

Leider klang die Schweinegrippe nicht nur ab, sondern wurde relativ schnell als Übertreibung der Pharmaindustrie infiziert, Entschuldigung, identifiziert. Es vergingen gerade einmal sechs Monate, bis meine Frau erneut mit einem Mexiko-Reisekatalog vor mir stand. Am Wochenende zuvor waren im dortigen Drogenkrieg mehr als hundert(!) Menschen ermordet worden. Ich zeigte ihr den entsprechenden Text im Internet und die Warnungen des Auswärtigen Amtes gleich dazu.

»Und?«, fragte sie.

»Was und?«, antwortete ich. »Ich habe keine Lust, in das gefährlichste Land der Welt zu fahren, das ist alles.«

»Du übertreibst mal wieder«, sagte sie, nahm mir den Laptop aus der Hand und gab in die Google-Suchmaske »Deutschland, Reisewarnung« ein.

»So, und nun guck mal ganz genau hin, mein kleiner Fernreiseangsthase!«

Ich war sicher, dass es zum ersten Mal in der Geschichte Googles null Treffer geben würde, und wollte gerade triumphierend auf die leere Bildschirmfläche zeigen, als ich die ersten Überschriften las.

»Terrordrohung: USA geben Reisewarnung für Deutschland.«

»Travel warning for Germany.«

»Auch Australien warnt Bürger vor Reisen nach Deutschland.«

»Japan: Reisen nach Deutschland gefährlich.«

In den Texten ging es unter anderem um mögliche Anschläge auf den Berliner Hauptbahnhof, auf Flughäfen und das Hotel Adlon. »Bei Besuchen von öffentlichen Plätzen und bei der Auswahl von Hotels und Restaurants sollten die Besucher das Ausmaß an Sicherheit berücksichtigen«, hieß es, und dass die Regierungen Deutschland-Reisende zu »erhöhter Aufmerksamkeit« aufforderten. Auf jeden Fall sollten sich Besucher des Landes, meines Landes, unauffällig benehmen.

Aufmerksam, unauffällig?

»Was ist das denn?«, fragte ich.

»Das ist das, was ein Fernreiseangsthase in Amerika liest, wenn er sich über Deutschland informiert. Und es geht noch besser.« Sie suchte im Bücherbord den englischen »Lonely Planet« über Deutschland, den wir uns gekauft hatten.

»Sag mir die sicherste Stadt Deutschlands!«, forderte meine Frau mich auf.

»Bremen!«, sagte ich, weil ich mir kaum vorstellen konnte, dass der »Lonely Planet« sich seitenlang mit der kleinen Hansestadt beschäftigen und, noch weniger, dass er dort etwas Gefährliches finden würde. Ich hatte recht, leider nur mit der ersten Annahme. Denn was schrieb der »LP«, Alex' »LP«!, über Bremen? »The teenage club mile of Rembertiring near the main train station, has been a problem zone in recent years. Video cameras, a strong police presence and a ban on carrying dangerous objects in this vicinity – meaning knives, baseball hats, handguns and the like as yellow signs make graphically clear – point to its potential for sudden violence. Use big-city sense here.«

Als wenige Wochen später Bilder von einem Panzerwagen durch Deutschlands Zeitungen gingen, der den Bremer Flughafen vor Terror schützen sollte, und die gesamte Republik in Erwartung eines baldigen Anschlags erstarrte, wusste ich nicht mehr, was ich glauben und noch weniger, was ich machen sollte. Wenn das eigene Land so gefährlich war, war es da nicht am besten, es möglichst oft und möglichst lange zu verlassen? Zumal die Behörden, selbst in Bremen, Häuser und Schulen mit künstlicher DNA besprühten, um die Zahl der Diebstähle endlich in den Griff zu bekommen. Und war nicht Hamburg, meine Heimatstadt, die Keimzelle der Terroristen des 11. September gewesen?

Keine Frage: Ich musste hier dringend raus!!!

# Do you speak German?

Warum lieben die Deutschen Mallorca so sehr? Ganz einfach: Weil man sie hier versteht. In Palma kann der Durchschnittsbundesbürger ungeniert »Drei Stück Käse ohne Sahne und drei Kännchen Kaffee« im angesagten »Cappuccino« bestellen, ohne Gefahr zu laufen, eine Käseplatte zu bekommen oder gleich rausgeworfen zu werden. Auf Mallorca gibt es die gefürchteten Sprachbarrieren nicht, hier muss man sich nicht einmal zu einem »Do you speak German?« herablassen. Wenn der Kellner die Käsetorte aus Versehen doch mit Sahne bringen sollte, hat der Tourist das Recht dazu, ihn in der Muttersprache (natürlich nicht in seiner!) zurechtzuweisen: »Ich hatte doch extra ›ohne‹ gesagt!«

Versuchen Sie das einmal in Kuba, Sri Lanka oder Japan.

Die deutsche Sprache, die außer uns leider nur noch die Schweizer, die Österreicher und auffallend viele Argentinier beherrschen, ist nicht unbedingt die ideale Voraussetzung für einen Weltenbummel. Spätestens hinter Malle ist Schluss. Wer mehr will, muss entweder ein begabter Pantomime sein oder Grundkenntnisse in anderen Idiomen besitzen. Und selbst die nutzen manchmal nichts.

Zum Beispiel im bereits erwähnten Kuba, an sich ein verlockendes, weil aufgrund jahrzehntelangen Sozialismus sicheres und von Tropenkrankheiten freies Reiseziel. Die Isolation und die bedingungslose Abkehr von allem Amerikanischen haben allerdings dazu geführt, dass Englisch auf der Insel in etwa so weit verbreitet ist wie McDonald's (gibt es nur in Guantanamo). Das wusste ich nicht, als ich meine Asien-Freundin zu einem Kontinentwechsel und einer Mietwagenrundreise durch Kuba überredete. Die war genau so lange kein Problem, bis wir die Hauptstadt Havanna verließen und auf einer Straße ankamen, die man mit viel gutem Willen Autobahn hätte nennen können. Eine endlose Straße, zwischen den beiden Spuren hin und wieder ein gelangweilter Käseverkäufer, mal einer, der Eier anbot. Sonst: Nichts, und wenn ich nichts schreibe, meine ich nichts – kein Straßen-, kein Hinweis- und kein Ortsschild. Wir ließen Abfahrt über Abfahrt hinter uns, ohne wirklich zu wissen, ob und wenn ja, wo wir heruntergemusst hätten. Von Havanna zu unserem Zielort sollte es laut Reiseunterlagen etwa vier Stunden dauern. Nach sechs Stunden schlug ich meiner Asien-Kuba-Freundin vor, bei der folgenden Abfahrt abzubiegen und den nächstbesten Kubaner nach dem Weg zu fragen. Die Käseverkäufer schienen dafür nicht die geeigneten Ansprechpartner zu sein.

Wir wagten es, erreichten nach zwanzig Minuten eine Ortschaft und fanden direkt hinter dem offenbar gestohlenen Ortsschild einen freundlichen Herrn, der auf unser Winken an das halb heruntergekurbelte Autofenster trat. Zum Glück auf der Seite meiner Asien-Kuba-Freundin.

»Do you speak German?«, versuchte sie es.

Er reagierte nicht.

»Do you speak English?«

Wieder nichts.

»Parlez-vous français?«

Netter Versuch.

Als sich unser Freund abwenden wollte, zerrte meine Asien-

Kuba-Freundin die Landkarte von ihrem Schoß und umkreiste mit dem Zeigefinger die Gegend, in die wir wollten. Endlich legte er los, fing wild an zu reden und noch wilder an zu gestikulieren. Ich konnte kaum etwas verstehen, weil der Motor unseres dreißig Jahre alten Nissans so laut war, fand aber, dass das die Aufgabe meiner Asien-Kuba-Freundin war. Schließlich war ich die ganze Zeit gefahren, wenn auch ohne zu wissen, wohin ...

Das würde sich jetzt ändern, dachte ich. Unser Mann schien genau Bescheid zu wissen, er redete und zeigte und knickte die Landkarte. Als wir endlich weiterfahren konnten, hatte ich ein gutes Gefühl. Das hielt zumindest so lange an, bis wir zur nächsten Straßenkreuzung kamen und meine Asien-Kuba-Freundin auf die Frage, ob wir nun rechts, links oder geradeaus müssten, die Schultern hob:

»Woher soll ich das denn wissen?«

»Du hast doch eben eine Viertelstunde mit dem netten Kubaner gesprochen«, sagte ich.

»Trotzdem habe ich kein Wort verstanden, Yannik!«

Wahrscheinlich wären wir jetzt noch irgendwo dort unten, und Sie müssten einen herkömmlich-langweiligen Reiseführer lesen, wenn ich bei der nächsten Tankstelle nicht auf die Idee gekommen wäre, nun ja, zu tanken. Wir hatten die Reserve erreicht, und ich füllte in der Hoffnung nach, wenigstens hier einen Tipp für den weiteren Reiseverlauf zu bekommen, als mich ein junges Mädchen ansprach.

»Do you speak English?«

Das war doch meine Frage!

»Yes«, schrie ich und überlegte, was »Können Sie mir vielleicht sagen, wie wir auf dem schnellsten Weg nach X-Dorf kommen?« auf Englisch hieß.

»Can you tell ...«, stammelte ich und hatte nach weiteren zwei Minuten einen Satz konstruiert, mit dem das Mädchen etwas anfangen konnte. Es war Englischstudentin und suchte nach einer Mitfahrgelegenheit in ihr Heimatdorf, das – believe it or not – der Nachbarort unseres Reiseziels war. Da soll das Auswärtige Amt noch einmal davor warnen, in fremden Ländern Anhalter mitzunehmen! Den Rest der Reise schlossen wir uns einer Gruppe mit Spanisch sprechender Führerin an, und am Ende konnten wir wenigstens die einfachsten Standardsätze und Floskeln. Gracias!

Trotzdem wäre es schön, wenn auf Kuba jedes zehnte Fidel-Castro- und jedes fünfte Che-Guevara-Plakat durch ein Hinweisschild ersetzt werden könnte. Mit Verbotstafeln (»Hier nicht fotografieren! Militärischer Sicherheitsbereich!«) klappt es schließlich. Vielleicht könnte man im Rahmen einer deutsch-kubanischen Aufbauhilfe die etwa drei Millionen Schilder auf die Insel exportieren, die bei uns zu viel sind. Das würde dem deutschen Besucher zugleich ein Gefühl von Heimat suggerieren. Stellen Sie sich das vor: Ein Stoppschild made in Germany direkt vor der nächsten Käseverkaufsstelle, alle dreißig Kilometer ein Autobahnzeichen und zwischendurch einmal etwas wie »Achtung, Grenz-/Radar-/Allgemeine Kontrolle«.

In der DDR hat das doch auch funktioniert!

# Holt mich hier raus!

Eng verbunden mit der Angst, nicht verstanden zu werden (haben wir die nicht alle?), ist die Sorge, weit weg von zu Hause zu sein. Ich hatte bereits in der vierten Klasse bei unserer Reise nach Eckernförde Heimweh. Dabei ist die Entfernung zwischen Hamburg und Eckernförde nichts im Vergleich zu sagen wir einmal Hamburg–Tokio. Von Hamburg–Auckland ganz zu schweigen. Deshalb kann ich alle Menschen verstehen, für die es sich komisch anfühlt, acht- oder zehnttausend Kilometer von daheim entfernt zu sein, und sei es nur, weil man im Fall eines Falles nicht mal schnell zurückkann. Das war früher einer meiner Lieblingsgründe, wenn ich mich einer Fernreise verweigerte: »Und wenn die mich in der Firma dringend brauchen? Und wenn wir einen Wasserrohbruch im Haus haben? Und wenn mit Uroma etwas ist – du weißt, sie ist hundertfünf, da weiß man nie ...«

Heimweh ist furchtbar, und leider haben es nicht alle so leicht wie die C- und D-Prominenten im RTL-Dschungelcamp. Die müssen bekanntermaßen nur »Ich bin ein Star, holt mich hier raus!« rufen, um innerhalb weniger Stunden aus einem von dressierten Kakerlaken umstellten Feldbett in die Businessclass einer Fluggesellschaft zu wechseln, die sie nach Deutschland bringt.

Mit so einer Methode kann ich leider nicht dienen, aber immerhin mit ein paar weiteren Erkenntnissen und Verhaltenstipps. Dreimal dürfen Sie raten, wer sie entwickelt hat.

1. Auf jedem Kontinent gibt es mindestens ein Land, das in die Nähe deutscher Lebensstandards kommt oder diese sogar übertrifft.
2. Innerhalb eines Tages kann man es im beschriebenen Fall eines Falles per Flugzeug von nahezu jedem Ziel aus wieder zurück nach Deutschland schaffen.
3. Man trifft mit neunundneunzigprozentiger Sicherheit bei jeder Reise auf andere Deutsche – oder zumindest auf Schweizer, Österreicher oder Einheimische, die schon einmal in Deutschland waren.
4. Wenn das Heimweh tatsächlich einmal zu groß werden sollte, einfach in die nächstbeste Kirche gehen: Sofort fühlt man sich, als wäre man zu Hause. Angenehmer Nebeneffekt: Danach zahlt man seine Kirchensteuer deutlich lieber – ich zumindest. Alex ist natürlich längst aus der Kirche ausgetreten, weil er das Geld braucht, um ein Backpacker-Projekt am Rande des Sudans zu unterstützen, das dort die Folgen der christlichen Missionierung wettmachen will.
5. Das beste Mittel gegen Heimweh ist nach wie vor, das auf Reisen mitzunehmen, was einen am stärksten an daheim erinnert. Da der Fernseher in der Regel zu unhandlich sein dürfte, ist das meist die eigene Ehefrau/Freundin, der Ehemann/Freund und gegebenenfalls die dazugehörenden Kinder. Fühlen Sie sich trotz deren Gegenwart in der Fremde verloren, sollten Sie über die Beziehung nachdenken! (Was übrigens viele im Urlaub auch tun, um sich danach zu trennen.)

6. Wenn das Heimweh allzu schlimm wird: Denken Sie an das Wetter in Deutschland oder an Guido Westerwelle! Sehen Sie, alles ist wieder gut.
7. Deutsche Produkte finden Sie überall: Mir wurde einmal in einem thailändischen Restaurant am Rande eines Vulkankraters auf Big Island (Hawaii) ein alkoholfreies Beck's Bier aus Bremen serviert. Und falls Sie sich fragen, wo all die schönen alten Mercedes-Wagen hingekommen sind, die früher auf Deutschlands Straßen unterwegs waren, sollten Sie dringend nach Marokko fahren.
8. Auch wenn wir praktisch nichts über das andere Land wissen, kennen die Menschen dort immer etwas aus Deutschland – und wenn es nur Franz Beckenbauer ist.

Dass die Menschen anderswo auf der Welt mit uns Deutschen meist mehr anfangen können als wir mit ihnen, ist vielleicht der größte Trost. Gut, manchmal mögen die Assoziationen mit unserer Heimat etwas unangenehm sein – ich erinnere mich daran, dass wir früher in Dänemark gern mit »Guten Morgen, Hitler« begrüßt wurden –, immer häufiger sind sie jedoch positiv. Die umfassende Bekanntheit des Deutschen haben wir dabei, ich deutete es in Punkt acht bereits an, sehr stark unseren Fußballern zu verdanken. Kein Wunder, wenn selbst das Spiel zwischen Mainz 05 und Borussia Dortmund in der Bundesliga-Saison 2010/11 in hundertachtundsechzig Länder (und damit in vierzig mehr, als Alex gesehen hat!) live übertragen wurde.

Gerade in den dunklen Stunden einer nahenden Heimwehattacke kann es einen deutschen Fernreiseangsthasen ungemein stolz machen, wenn ein Fremder auf das Stichwort »Germany« mit »Olli Kahn« oder »Poldi, Poldi« antwortet. Vorsichtig sollte man allerdings im arabischen Raum bei plötzlichen »Ballack«-Rufen sein.

Es war in der Medina, der Altstadt von Fes, die ob ihrer zahllosen Gassen so verwirrend ist, wie es japanische Hinweisschilder auf Kuba wären. Meine Frau und ich wagten am ersten Tag unseres Aufenthalts lediglich, den Hauptweg vor unserem Hotel rauf- und runterzugehen. Ich kam mir zwischen vollbepackten Eseln, geschlachteten Hammeln und Schlangenbeschwörern ziemlich fremd vor. Erklärliche und unerklärliche Gerüche taten ihr Übriges, und am liebsten wäre ich sofort ins blitzsaubere Riad geflohen, als ein Gemüsehändler auf mich zeigte und rief: »Ballack, Ballack!« Ich fühlte mich geschmeichelt, lockerte den verkrampften Griff um meinen Rucksack (den ich zudem an meinem Gürtel festgebunden hatte, alter Fernreiseangsthasentrick!) und flüsterte meiner Frau ins Ohr: »Du, ich glaube, die halten mich hier für Michael Ballack.«

Insgeheim hatte ich seit Langem eine Ähnlichkeit zwischen mir und dem damals auf dem Höhepunkt seiner Karriere stehenden Kapitän der Fußball-Nationalmannschaft festgestellt. Das mit Unwohlsein gepaarte Heimweh war auf einen Schlag weg. Ich fühlte mich als berühmter deutscher Botschafter in den Gassen von Fes, zog den Bauch ein und straffte den Rücken, um direkt an der nächsten Ecke wieder angesprochen zu werden: »Ballack, Ballack.«

»Sehe ich dem echt SO ähnlich?«, fragte ich meine Frau, und selbstverständlich war das rein rhetorisch gemeint. Statt einer Antwort tippte mir ein junger Kerl auf die Schulter und zog mit einem langen »Ballack« an mir vorbei. Spätestens zu diesem Zeitpunkt beschloss ich, bei unserem nächsten Spaziergang durch die Medina einen Kugelschreiber mitzunehmen. Ob die im Riad vielleicht sogar einen Edding hatten? Man konnte nie wissen, welchem kleinen armen Jungen man mit einem Autogramm aus dem großen, dem tollen, dem einzigartigen Deutschland eine Freude machen würde.

Als ich am Abend meine neue Unterschrift auf der Rückseite eines Stadtplans übte, war das meiner Frau zwar peinlich. Eine Erklärung für die Rufe, die mich durch die Altstadt begleiteten wie Michael Ballack die bösen Verletzungen, hatte sie aber auch nicht.

Diese kleine Geschichte hätte, vielleicht ahnen Sie es, gut im vorherigen Kapitel stehen können. Am nächsten Tag – ich hatte den Kugelschreiber in die vorderste Tasche des Rucksacks und einen schwarzen Hoteledding in die Hose gesteckt – sollte sich die Ballack-Frage klären. Wir hatten über das Riad einen Führer gebucht, der sowohl Arabisch als auch Deutsch sprach. Er war ein netter Kerl, der allerdings nicht verhindern konnte, dass ich nach wenigen Metern erneut erkannt wurde: »Ballack, Ballack!«, riefen zwei Kinder, und ich lachte zurück, dem Bild des freundlichen Deutschen einen möglichst guten Dienst erweisend.

»Michael Ballack muss bei euch ja ein richtiger Star sein«, sagte ich vielleicht etwas zu gönnerhaft zu unserem Führer.

»Ja, klar«, sagte der. »Wieso?«

»Weil ich seit gestern permanent mit ihm verwechselt werde«, antwortete ich. »Die beiden Jungs waren bestimmt schon die Vierten, die mich Ballack gerufen haben.«

Der Führer blieb stehen, und ich bewundere ihn im Nachhinein für die Gelassenheit und Ernsthaftigkeit, mit der er die folgenden Worte sprach: »Ach so, das meinst du. Nein, die verwechseln dich mit niemandem. Balek ist ein arabisches Wort und heißt übersetzt: Geh aus dem Weg!«

Alex? Balek! Balek! Balek!

# Nepper, Schlepper, Taxifahrer

Nie habe ich mich so sehr nach einem gebrochen Deutsch sprechenden, unfreundlichen Taxifahrer aus Berlin oder einer anderen deutschen Großstadt gesehnt wie in Bangkok. Einfach einsteigen, das Fahrtziel sagen (»Kenn nich!«), den Weg dorthin erklären (»Hä?«) und sich am Ende ob der kurzen Tour beschimpfen lassen (»Geht zu Fuß auch!«). Det is Berlin! Nie wieder werde ich mich darüber beschweren, sondern kräftig Trinkgeld geben und einfach dankbar sein für unsere lieben, lieben Taxifahrer. Und dafür, dass sie ganz von selbst das kleine Gerät einschalten, das den Unterschied zwischen ihrem und einem herkömmlichen Auto ausmacht. Bangkok-Kenner werden längst wissen, worum es geht: um Taxameter.

Die spielen nämlich bei einer Fahrt durch die thailändische Hauptstadt eine entscheidende Rolle. Es ist völlig egal, wohin Sie wollen, ob Sie bezahlen können und vielleicht einen Elefantenbullen im Kofferraum zu transportieren gedenken. Entscheidend ist, ob das Taxameter eingeschaltet ist – beziehungsweise, ob das Taxi überhaupt eines hat. Von Eichungen und anderen Einstellungen wollen wir gar nicht erst sprechen ...

Willkommen bei einer Urangst der Deutschen, der Sorge, im Ausland übervorteilt oder gleich richtig verarscht zu werden. So wie bei unserem ersten Beispiel: Sie müssen nicht glauben, dass ein Taxifahrer in Bangkok (oder in Casablanca, in Kairo oder in ...) freiwillig das Taxameter anmacht. Wenn Sie das erleben sollten, malen Sie ein dickes Kreuz in Ihr Reisetagebuch, opfern sie der Göttin Saraswati und machen Sie ein Foto von sich und dem Taxifahrer, um es für mehrere tausend Euro an die »Bild«-Leserreporterredaktion zu verticken! Wir – in diesem Fall meine Frau und ich – hatten leider nicht das seltene Glück. Dafür wurden wir mehr als einmal aus dem noch rollenden Auto geworfen, weil wir darauf beharrten, dass der Fahrer das Taxameter anmachen solle. Wozu war das Ding sonst in seinem Wagen?

Die meisten Taxifahrer Bangkoks haben kein Interesse daran, sondern wollen lieber Fix- oder besser Fabelpreise kassieren, wenn sie die blöden Touristen über unzählige Umwege ans Ziel oder zumindest in dessen Nähe gebracht haben. Wir haben bis zu zehn Anläufe gebraucht, bis sich einer der Herren erbarmte und wie gewünscht von A nach B fuhr. Wobei selbst der freundlichste der Kollegen zweimal den Versuch unternahm, einen Zwischenstopp bei einem befreundeten Schneider einzulegen, wo wir »very cheap, very cheap« ein paar Anzüge und Dutzende Blusen kaufen könnten, in diesem Fall bei laufendem Taxameter.

Alex meint, man könne den Menschen in armen Ländern nicht vorwerfen, wenn sie reiche deutsche Touristen ausnehmen würden. Vorwerfen könne man nur den reichen deutschen Touristen, dass sie auf die Tricks hereinfallen würden. Alex sagt, er habe sich angewöhnt, vorn einzusteigen und das Taxameter selbst anzustellen. Wenn der Fahrer ihn daraufhin anpöbeln würde, würde er einfach zurückpöbeln. Auf Deutsch und so lange, bis der andere losfahren würde. »Klappt immer.« Mag sein, allein, ich traue mich nicht.

Dafür haben meine Frau und ich es in Chiang Mai, der größten Stadt Nordthailands, einem Taxifahrer so richtig gezeigt! Wir hatten etwas außerhalb gegessen und wollten mit dem Taxi zurückfahren, weil es erstens dunkel und zweitens spät war. Das Restaurant bestellte einen Wagen. Der Fahrer hielt uns freundlich die Tür auf, ich murmelte »Geht doch!« und hatte mich gerade angeschnallt, als meine Frau schon wieder draußen stand.

»Schatz, was ist?«, fragte ich.

»Er will das Taxameter nicht anmachen«, sagte meine Frau.

»Sie wollen was nicht?«, fragte ich den Taxifahrer auf Englisch.

Er verlangte das Dreifache der Summe, die wir für die Hinfahrt bezahlt hatten, als Pauschale. Ich wäre angesichts der Dunkelheit bereit gewesen zu zahlen, meine Frau nicht.

»Ich bin es leid, mich von denen verarschen zu lassen. Entweder er macht das Taxameter an, oder wir gehen zu Fuß.«

Gut eine Stunde später waren wir in unserem Hotel, und meine Frau sagt bis heute, dass sie auf wenigen Spaziergängen so viel Angst gehabt hätte wie damals.

Dafür waren wir in einem anderen Bereich in Chiang Mai relativ mutig. Meine Frau und ich hatten beschlossen, abends auf den legendären Markt zu gehen und dort das zu tun, was hier alle tun und was uns Deutschen normalerweise überhaupt nicht liegt.

Wir wollten handeln!

Meine Frau begann bei einem Stand, an dem es bunte Seidentücher gab. Die zierliche Verkäuferin wollte sie für hundert Baht das Stück verkaufen. Umgerechnet waren das nicht einmal drei Euro, und ich war kurz davor, meiner Frau zu sagen, dass sie einfach bezahlen solle, weil das für uns kein Geld sei. Aber das Spiel hatte schon begonnen.

»How much?«, fragte meine Frau, als hätte sie die erste Preisangabe nicht gehört.

»One hundred.«

Meine Frau guckte, als habe ihr die winzige Thai erzählt, dass die Erde eine Scheibe sei. Dann kam ihr Gegenangebot.

»Ten.«

Ten? War das ihr Verständnis von Solidarität zwischen der Ersten und der Dritten Welt? Ich glaubte nicht, was ich hörte.

»Ninety.«

»Ten.«

»Eigthy.«

»Ten.«

»Seventy.«

»Ten.«

Ich mischte mich mit meiner naiv-ängstlichen Art in den grenzdebilen Dialog ein und wagte flüsternd zu fragen, ob die Eigenart einer Verhandlung nicht darin bestehe, dass sich beide Parteien aufeinander zubewegten. Meine Frau beachtete mich nicht.

»Fifty.«

»Ten.«

»Fourty.«

»Ten.«

»Twenty.«

Ich sah im Gesicht der Verkäuferin den gesamten Schmerz der Ausgebeuteten.

»Okay«, sagte meine Frau, und ich atmete tief durch. Sie nahm einen zweiten Seidenschal zum selben Preis und fand, das sei ein guter Start gewesen.

»Jetzt du!«

Es dauerte eine Weile, bis ich jemanden zum Handeln gefunden hatte. Ehrlich gesagt fanden sie mich. Mitten im größten Gedränge wurde ich von einer Gruppe winziger, in traditionelle Tracht gekleideter Frauen eines Bergvolks umzingelt. Das Einzige, was sie zu verkaufen hatten, waren Holzfrösche, aus deren Allerwertesten man Keile ziehen konnte. Fuhr man mit diesen über den geriffelten Froschrücken, klang das fast wie ein echtes Quaken. Die Bergfrauen demonstrierten das so lange und so laut, bis ich schließlich die Frage aller Fragen stellte:

»How much?«

»Two hundred and fifty«, sagte eine, die kleinste.

Da ich nicht die komplette Kollektion kaufen wollte, antwortete ich wie meine Frau:

»Ten.«

Ein großes Wehklagen erhob sich aus den Mündern des Bergvolks, begleitet vom aggressiven Quaken der Frösche. Kleine Mädchen begannen, an meinem Rucksack zu zerren.

Wir einigten uns bei hundert Baht. Das war nun nicht ganz das Ergebnis meiner Frau, dafür bekam ich eine Plastiktüte extra. Und hatte ich den Preis nicht trotzdem um mehr als die Hälfte gedrückt?

»Handeln ist einfacher, als ich gedacht hätte«, sagte ich, als wir Hand in Hand zurück zum Hotel bummelten.

Der Abend hätte schön werden können, wenn meine Frau in einem Supermarkt nicht eine Flasche Wasser gekauft hätte. Während sie an der Kasse wartete, schlenderte ich durch den Laden und sah plötzlich ein Regal voller Bergvölker-Frösche. »Handeln verboten« stand auf einem Schild. Die armen Touristen, die hier so ein Teil kaufen, dachte ich und nahm in freudiger Erwartung einen Frosch aus dem Regal, der etwas größer war als meiner. Was mochte der hier kosten? Hundertfünzig? Zweihundert? Oder gar zweihundertfünfzig Baht? Ich drehte ihn um. Dann riss ich meine Frau von der Kasse weg.

»Die haben mich betrogen«, rief ich und: »Die können was erleben!« Wir gingen zweimal die engen Marktgassen auf und ab, und zweimal glaubte ich, die Kopftücher der Bergvolkfrauen entdeckt zu haben.

»Die sind wahrscheinlich längst auf dem Weg zurück in ihr Dorf und feiern das Geschäft ihres Lebens«, sagte meine Frau.

Nach einer Stunde Suche gaben wir auf. Der Frosch hätte im Supermarkt zehn Baht gekostet.

Seitdem habe ich weder Angst noch Skrupel, in fremden Ländern hart zu verhandeln. Wenn indonesische Hemdenschneider etwas von vielen Kindern stammeln, die sie zu ernähren hätten, tippe ich extra eine noch niedrigere Zahl in den Taschenrechner, den sie mir mangels gemeinsamer Sprache hinhalten. Wenn Händler in Tunesien oder sonstwo in Arabien jammern, dass zwanzig Euro für sie viel Geld seien, für uns Europäer aber nichts, antworte ich: »We had the financial crisis, didn't you hear about it?« Selbst auf den Trick eines kleinen burmesischen Jungen bin ich nicht reingefallen. »I've never seen a Euro«, hatte der zu mir in erstaunlich gutem Englisch gesagt, und selbstverständlich habe ich ihm daraufhin ein gutes Ein-Euro-Stück aus meinem Portemonnaie gezeigt. Nur gegeben habe ich es ihm halt nicht. Da kann ja jeder kommen!

Es nervt, wenn man auf Reisen immer und immer wieder mit denselben Maschen angegangen wird, nur weil man aus einem zivilisierten Land kommt, in dem Preisschilder genauso schnell geändert werden wie das Grundgesetz. Also gar nicht. Die Frau, die einem zur Begrüßung eine Rose in die Hand drückt und sofort Geld will, wenn man so dumm (oder so unerfahren) ist, die Blume zu nehmen; die Gruppe Männer, die so tut, als könne man beim Hütchenspielen alles tun, nur nicht verlieren; der fürsorgliche ältere Herr in Bangkok, der Touristen weismachen will, alle Tempel in der Stadt seien heute geschlossen und nur er wüsste einen, den man besichtigen kann; der Schuhputzer, der in Istanbul scheinbar zufällig seine beste Bürste direkt vor dem Touristenpaar verliert, das die pflichtschuldigst aufhebt und denkt, das folgende Schuhputzen sei ein kleiner, kostenloser Dank ...

Und schließlich der Typ mit dem Affen, der vier Mal versucht, meiner Frau das Tier auf die Schulter zu setzen. Beim letzten Anlauf bin ich auf dem berüchtigten Platz Djemaa el Fna in Marrakesch ausgeflippt. Der Affenheini war gefühlt der Hundertste innerhalb eines Tages, der uns etwas andrehen wollte. Als er auf zwei gezischte »No« nicht reagierte und mit dem stinkenden Viech hinter uns herhetzte, hielt ich an und schrie die zwei Buchstaben »N-O« so laut, dass die Kobra eines Schlangenbeschwörers ein paar Meter entfernt erschrocken den Kopf einzog. Meine Frau behauptete, so habe sie mich noch nie erlebt. Mit Fernreiseangsthaberei hatte das zumindest nichts mehr zu tun.

Auf der Hut muss man überall sein, weil die Tricks der Nepper, Schlepper und Taxifahrer immer, immer dreister werden, und weil sie wertvolle Urlaubszeit verderben können. Zum Schluss noch ein Beispiel aus Marokko, der Heimat der Schlawiner.

Wir fuhren mit dem Zug von Fes in Richtung Marrakesch, was an sich eine bequeme und verlässliche Reiseform in Marokko ist. Erste Klasse, wir hatten ein freies Abteil für uns. Zumindest so lange, bis der Zug losgefahren war. Dann setzte sich ein älterer Herr hinzu, der uns kurz nach der Begrüßung fragte, woher wir denn kämen. Wir antworten wahrheitsgemäß, dass wir aus Deutschland seien, und siehe da, er hatte selbst einmal in Deutschland gelebt, er spreche auch Deutsch, ein paar Worte: »Guten Tag! Was trinken Sie?« Und Hamburg, ja, das würde er kennen. Was für ein (schöner) Zufall! Die Unterhaltung war das, was man munter nennt, bis er uns fragte, wo wir denn hinführen. Ich erzählte, dass wir nach Marrakesch wollten, wo wir bereits ein Riad gebucht und ... Da war er weg.

Zehn Minuten später kam der nächste. Er war jünger als Nummer eins, selbst nicht in Deutschland gewesen, hatte aber einen Cousin dort. Meine Frau und ich ahnten, was passieren würde, und tatsächlich erzählte er, dass er als Reiseleiter arbeiten würde und ob wir nicht ... Es dauerte fünf Minuten, bis wir ihn los waren.

»Salam aleikum.« Nummer drei ließ uns immerhin so viel Zeit, dass wir uns eine neue Strategie zurechtlegen konnten. Wir beschlossen, uns nicht mehr als Deutsche, sondern als Esten auszugeben. Ich konnte etwas Dänisch, meine Frau brabbelte das Ganze mehr oder weniger nach.

»Where are you from?«, fragte Kandidat Nummer drei.

»Frrrrom Estonia«, grunzte ich und versuchte, so osteuropäisch wie möglich zu klingen. »You know, nearrrr Rrrrrussia.« Mein gerolltes R hallte noch nach, da war der Herr schon wieder weg. Auch bei seinen Nachfolgern – allesamt vermeintliche Reiseleiter auf der Suche nach zahlungskräftiger, möglichst deutscher Kundschaft – wirkte die neue Nationalität. Wenn die geahnt hätten, was ich zu meiner Frau sagte. »Hvordan har De det? Mange tak« heißt übersetzt nämlich: »Wie geht es Ihnen? Vielen Dank.«

Immerhin können selbst die gewieftesten Touristenabzocker manchmal Spaß verstehen. Als wir auf einem für seine gefälschten Markenartikel bekannten Markt in Kuala Lumpur an einem Stand für Sonnenbrillen fragten, ob die Ray-Bans wirklich »original« seien, sagte der Verkäufer: »Yes, original. Original copy.« Gekauft haben wir trotzdem nicht.

Das war in Sri Lanka anders, in einem Geschäft, in dem ausgerechnet ich alle Vorsicht fahren ließ. Unser Führer, ein ansonsten vertrauenswürdiger Mann, hatte uns den Laden mit den unzähligen Buddhas empfohlen. Natürlich wusste ich, dass er bei einem Kauf Prozente bekommen würde, aber das war mir egal. Die furchtbare Reise war fast zu Ende, ich hatte einen wunderbaren Buddha aus Mahagoni entdeckt und den Besitzer des Geschäfts von fünfhundert auf zweihundertfünfzig Euro heruntergehandelt. Für diesen Preis war er bereit, mir die große und schwere Figur per Schiff nach Deutschland schicken zu lassen. Der Führer nickte, der Chef zeigte Dankespostkarten von zufriedenen Kunden aus der ganzen Welt, auch von zwei Hamburgern. Ich konnte kaum glauben, dass keine weiteren Kosten auf mich zukommen würden.

Doch der Chef wurde nicht müde zu versichern: »Two hundred and fifty Euro, that's all.« Ich zahlte.

Gut zwei Monate nach mir erreichte der Buddha Hamburg. Heil und größer, als ich ihn in Erinnerung hatte. Ich hatte eine ähnliche Figur in einem Shop an der Langen Reihe, einer Einkaufs- und Gastromeile im Hamburger Szene-Stadtteil St. Georg, für gut dreihundertfünfzig Euro gesehen. Ich hatte ein gutes Geschäft gemacht. Beinahe hätte ich dem Chef eine Postkarte geschickt.

Dann bekam ich die Rechnungen von Zoll- und Hafen- und was weiß ich noch für Behörden. Inklusive Einfuhr-, Lager- und Annahmegebühren kostete mich die Erinnerung an Sri Lanka und mein ach so tolles Verhandlungsgeschick am Ende mehr als fünfhundert Euro.

Aber schön, schön ist der Buddha trotzdem.

# Von Tsunamis und anderen Katastrophen

Wenn man abends die Tagesschau sieht, könnte man glauben, der Rest der Welt bestehe aus Naturkatastrophen, Erdbeben in Chile und Haiti, Vulkanausbruch in Island, Tsunami in Indonesien, Waldbrände in Russland. Irgendetwas passiert immer, und deshalb ist es nur verständlich, dass vierundachtzig Prozent der Deutschen bei ihrer Urlaubsplanung Naturkatastrophen berücksichtigen. Wenn das denn so einfach wäre.

Ich gebe zu, dass ich diesen Teil der Fernreiseangst in den vergangenen Jahren angesichts aufgerissener Flugzeugnasen, orientierungsloser Malariamücken und Schlangen am Pool aus den Augen verloren hatte. Hätte ich sonst die Reisen nach Los Angeles und Istanbul gebucht, obwohl Experten seit Jahren davor warnen, dass beide Regionen als Nächstes mit Erdbeben dran sind? Wäre ich im Herbst nach Florida gefahren, obwohl jeder Rentner weiß, dass das die Hauptzeit der Wirbelstürme und Hurrikane ist? Und hätte ich mich wirklich nach Hawaii getraut, wo es an nahezu jeder Hauptstraße Tsunami-Evakuierungsrouten und Tsunami-Warnsirenen gibt?

Natürlich nicht. Aber wenn ich es nicht getan hätte, könnte ich Sie jetzt nicht beruhigen. Denn Naturkatastrophe ist nicht gleich Naturkatastrophe, und was in der Tagesschau aussieht wie der Untergang der Welt, ist in dem betreffenden Land manchmal nicht mehr als Routine.

So wie ein Tsunami auf Hawaii.

Ich werde den Tag nie vergessen. Es war der 27. Februar 2010, genauer gesagt die Nacht davor. Meine Frau und ich hatten die letzte Insel auf unserer Hawaii-Rundreise erreicht, Maui. Wir wohnten in einem Hotel direkt am Meer, und nichts deutete darauf hin, dass die folgenden Stunden zu den aufregendsten unserer Reisen um die Welt werden sollten. Wir hatten gut gegessen, lagen im Bett, sahen ein Spiel der National Basketball Association, der amerikanischen Profiliga, mit Dirk Nowitzki. Hätte ich auf meine Frau gehört und »endlich mal was anderes angemacht«, wären wir auf die Ereignisse der kommenden Nacht wenigstens vorbereitet worden.

Aber wir – na gut: ich – bejubelte(n) den Sieg der Dallas Mavericks um den überragenden Deutschen, schalteten um kurz nach Mitternacht den Fernseher aus und freuten uns auf einen neuen sonnigen Tag.

Der erste Anruf kam um drei Uhr.

Meine Frau lässt nachts permanent ihr Handy an, obwohl ich sie mehrfach vor den elektromagnetischen Wellen und deren Auswirkungen auf den Schlafrhythmus hingewiesen habe. Sie aber meint, das Handy dürfe niemals(!) ausgeschaltet werden, gerade im Urlaub nicht, weil zu Hause immer etwas sein könnte und man dann erreichbar sein müsste (eine Argumentationskette, der sich als Fernreiseangsthase schwer widersprechen lässt).

Also: Ihr Handy klingelte. Die Eltern.

»Wissen die eigentlich, wie spät es bei uns ist?«, murmelte ich, als meine Frau dranging.

»Sei ruhig«, zischte sie und sah besorgt aus. Natürlich dachten wir beide in diesem Moment, es gebe ein Problem in Deutschland. Dabei gab es eines bei uns. Und zwar direkt vor der Terrassentür.

»Mach mal den Fernseher an!«, sagte meine Frau, kaum dass sie eine halbe Minute mit ihrer Mutter gesprochen hatte. Weil ich verlangsamt reagierte, schob sie ein »Sofort!« hinterher.

Ich griff nach der Fernbedienung, drückte auf den roten Knopf und sah das nächste Basketballspiel.

»Nachrichten!«, befahl meine Frau.

Ich fand drei Kanäle weiter CNN mit den Breaking News. »Tsunami Alert in Hawaii«. Ich stellte den Ton lauter.

»Wir gucken uns das an, ich rufe dich sofort zurück«, sagte meine Frau zu ihrer Mutter. Dann sah sie mich an: »Auf Hawaii rollt ein Tsunami zu. Die haben in Deutschland selbst in der Tagesschau darüber berichtet.«

Die Tagesschau! Ein Tsunami! Wir mittendrin! Ich spürte Fernreisepanik in mir aufsteigen.

»Und jetzt?«

»Psst!!«, sagte meine Frau, riss mir die Fernbedienung aus der Hand und stellte den Ton lauter. »Wir müssen hören, was die Tante erzählt.«

Die Tante war nicht allein. Auf allen möglichen größeren und kleineren Sendern sahen wir Reporterinnen und Reporter vor genau jenen hawaiianischen Küsten, an denen in gut neun Stunden die Welle erwartet wurde. »Niemand kann sagen, wie groß sie wird, niemand kann sagen, wie schwer sie die Insel trifft«, grölte die Fernsehfrau gegen den Wind. »Aber überall auf Hawaii haben die Evakuierungen begonnen.« Passend dazu heulte eine Tsunami-Sirene, und für einen Moment hatte ich die Hoffnung, der Ton käme aus dem Fernseher. Natürlich kam er von der Straße, an der unser Hotel lag.

Das Handy meiner Frau klingelte wieder. Sie stellte auf laut, bevor sie sich meldete.

»Da seid ihr ja«, hörte ich die Stimme eines guten Freundes. »Wir haben uns Sorgen gemacht. Yannik ist auf seinem Handy nicht zu erreichen.«

Meine Frau signalisierte mir, das Gerät anzuschalten.

»Geht's euch gut?«, wollte der Freund wissen. »Seid ihr weit genug vom Wasser entfernt?«

Meine Frau gab mir ihr Handy.

»Na ja«, sagte ich.

»Was, na ja?«, wollte der Freund wissen.

»Na ja, von unserer Terrasse aus sind es vielleicht fünfzig Meter bis zum Meer.«

»Dann müsst ihr da dringend weg, versprich mir das!«

Ich sah unverhältnismäßig viele E-Mails auf meinem Handy hochploppen.

»Versprich mir, dass ihr auf einen Berg geht, so hoch wie möglich.«

»Meinst du, das ist nötig?«, fragte ich zurück, mehr um mich selbst zu beruhigen.

»In der Tagesschau haben sie gesagt ...« Die Verbindung brach ab. Meine Frau hatte sich angezogen und war dabei, den Zimmersafe leer zu räumen. »Wir müssen uns auf alles einstellen. Ein Tsunami, das gibt es doch nicht. Ruf mal die Rezeption an und frag, was wir jetzt machen sollen!«

Ich begann, mich der Lage nicht mehr gewachsen zu fühlen, zumal die E-Mails, die ich bekommen hatte, sämtlich von deutschen Zeitungen stammten, für die ich gearbeitet hatte. Sie wollten »Augenzeugenberichte«, ob ich etwas sagen beziehungsweise schreiben könne und ob es mir eventuell möglich wäre, Fotos ...

Ich wählte dreimal die Neun. Der Mann an der Rezeption klang genervt.

»Yes?«

»Room 325, Mahr. We're a little bit afraid about the tsunami warning.«

»Don't be afraid. It won't touch us. Good night.«

Good night? Daran war nicht zu denken. Ich hatte kaum aufgelegt, da war der Freund aus Deutschland wieder in der anderen Leitung.

»Ich habe mit dem Hotel gesprochen«, berichtete ich ihm wahrheitsgemäß. »Die meinen, dass wir nicht gefährdet sind und dass der Tsunami die Region nicht treffen wird.«

»Darauf dürft ihr euch NICHT verlassen. Die haben gerade im Fernsehen erzählt, dass viele Hotels auf Hawaii die Gefahr runterspielen! Wisst ihr schon, auf welchen Berg ihr geht?«

Langsam wurde mir heiß. Meine Frau bibberte, obwohl sie komplett angezogen neben mir saß. Im Fernsehen kündigten sie DIE WELLE für elf Uhr dreißig an. Wir versuchten zu schlafen, aber das gelang uns nur abschnittsweise. Ich musste an Alex und seinen Spruch denken, dass angekündigte Katastrophen ausblieben. Aber hatte er sonst nicht immer unrecht?

Die Situation war absurd. Natürlich hätten wir auf einen Berggipfel in der Nähe aufbrechen können, natürlich hätten wir unsere Koffer packen können, ja, vielleicht sogar müssen. Andererseits hatten wir noch jede Menge Zeit. Sieben Stunden und zwanzig Minuten, um genau zu sein. Bis zur nächsten höheren Erhebung waren es mit dem Auto aber nur fünf Minuten.

Ich rief erneut die Rezeption an, und noch einmal bestätigte man mir, dass keine Gefahr bestünde. Gut, wir sollten am Vormittag nicht unbedingt schwimmen gehen, aber spätestens nachmittags wäre alles wieder normal. »Vertrauen Sie mir«, hatte der Rezeptionist gesagt, »wir machen das nicht zum ersten Mal«. »But we do!«, war meine Antwort gewesen, aber da hatte er bereits aufgelegt.

Es begann eine dieser Phasen, in der ich mich frage, ob es nicht besser sei, im Urlaub zu Hause zu bleiben, weit weg von Flut- und anderen Katastrophen. Ob es sich wirklich lohne, Tausende Euro auszugeben, um nachts wach in einem Hotelzimmer zu liegen und auf einen Tsunami zu warten. Um mich abzulenken, gab ich ein paar Infos nach Deutschland durch: »Sirenen heulen, aber das Meer ist ruhig. Die TV-Stationen bringen Sondersendungen, aber das Hotel sieht keine Gefahr. Wir wollen gegen zehn Uhr auf einen benachbarten Berg fahren.«

Das taten wir dann auch. Wir hatten einen kleinen Koffer mit den wichtigsten Dingen gepackt, die Terrassentür fest verschlossen und waren mit unserem Mietwagen die steile Straße am Hotel hinaufgerollt. Schon gegen zehn Uhr fünfzehn erreichten wir einen Punkt, an dem das Meer mindestens fünfhundert Meter entfernt war. Wir versuchten, höher zu kommen, aber mit jedem Meter wurde die Straße voller. Überall saßen oder standen Menschen vor ihren Autos. Einige hatten Ferngläser mitgebracht und starrten auf das Wasser, das von hier oben verdächtig friedlich wirkte.

Ich musste an das Sprichwort von der Ruhe vor dem Sturm denken. Wir hielten an und warteten, bis es elf Uhr war. Unten an der Küste passierte nichts. Auch um elf Uhr dreißig: nichts. Um zwölf Uhr beschlossen wir, das Auto auf einem der Hotelparkplätze abzustellen. 12.30 Uhr, nichts. Selbst die Tsunami-Sirenen waren kaum zu hören. Ab dreizehn Uhr, so hatte es im Fernsehen geheißen, sei das Schlimmste vorbei. Die meisten Menschen verließen die höher liegenden Plätze vorher, um Punkt dreizehn Uhr zehn waren wir zurück in unserem Zimmer. Der Ton im TV war ruhiger geworden, Experten sprachen von einer »sehr, sehr langen, sehr, sehr flachen Welle«. Das konnte man wohl sagen.

Die ersten Hotelgäste gingen gegen sechzehn Uhr wieder in Richtung Strand. Kurz darauf kam die offizielle Entwarnung. Der Tsunami-Alarm war aufgehoben, auch wenn die Nachrichtensendungen in Deutschland nicht müde wurden, von angeblichen Hamsterkäufen an Hawaiis Tankstellen zu berichten.

Seitdem bin ich skeptisch, was die Bewertung von Katastrophen aus der Ferne angeht. Ich glaube, aus dem sicheren, heimeligen Deutschland betrachtet liegt man meistens falsch, entweder in die eine oder in die andere Richtung. Zumal man bedenken muss, dass Tsunamis, Erdbeben oder Vulkanausbrüche für andere Länder das Gleiche sind wie für uns die jährliche Grippewelle. Auf Hawaii wurden bereits am Tag danach T-Shirts mit dem Aufdruck »I survived the Tsunami« verkauft ... Ich bin sicher, dass die US-Sender erst ein paar Wochen später über eine echte, ernst zu nehmende Naturkatastrophe berichtet haben: nämlich über den Horror-Winter in Deutschland.

# Und plötzlich fahren alle links

Wo es gerade so viel um Wasser ging, ist es an der Zeit, über die Gefahr des Reisens an sich zu sprechen, insbesondere über die Fortbewegung auf dem Meer. Gegen Seekrankheit ist kaum jemand gefeit. Die einen leiden mehr, die anderen weniger. Ich dachte, ich würde zur zweiten Gruppe gehören und hätte jede Schiffs- einer Flugreise vorgezogen. Bis meine Frau und ich beschlossen, drei asiatische Länder in zehn Tagen zu sehen, was eine Bootsfahrt von Singapur nach Indonesien auf die Insel Bintan einschloss.

Die Tour dauerte fünfundvierzig Minuten, war also nichts, vor dem man wirklich Angst haben musste, auch wenn der Katamaran beim Einsteigen aus meiner Sicht unverhältnismäßig stark schaukelte. Ich wunderte mich noch über eine Frau, die Reisekaugummis einwarf, da fuhr das Ding schon los.

Zehn Minuten später begannen die Ersten, Papiertüten aus den Sitztaschen zu ziehen.

Zwanzig Minuten später hatte sich bis auf einen Chinesen die ganze Reihe hinter uns erbrochen.

Fünfundzwanzig Minuten später kotzte auch der Chinese.

Sechsundzwanzig Minuten später glaubte ich es nicht mehr aushalten zu können. Am schlimmsten war, dass ich nicht an Deck durfte.

»Du darfst nicht auf die Welle gucken, niemals. Guck immer nur auf den Horizont und atme ganz ruhig«, sagte meine

Frau. Sie ist das, was man eine passionierte Seglerin nennt. Für sie kann das Wasser nicht hoch und können die Winde nicht stark genug sein.

»Wellen von vorn finde ich nicht schlimm«, flüsterte sie mir ins Ohr und dachte wohl, das würde mich beruhigen. »Oh, da kommt eine große. Pass auf.«

Ich schloss, ihren Rat missachtend, die Augen und fühlte, wie mein Magen unter dem Druck des Wassers bis auf Halshöhe gehoben wurde, um kurz darauf wie ein über Bord geworfener Anker nach unten zu sinken.

»Atme, atme tief und ruhig!« Meine Frau war auch noch da.

Ich versuchte es, aber beim ersten Zug kroch mir der unangenehm säuerliche Geruch aus der zweiten Reihe in Mund und Nase. Ich hörte, wie sich der Chinese in eine frische Tüte ergoss.

»Du bist bald echt der Einzige, der nicht ...«, setzte meine Frau an.

»Nichts sagen, nichts sagen«, stöhnte ich und nahm mir vor, niemals mehr über Menschen mit Reisekaugummis zu lachen.

Exakt fünfundvierzig Minuten nach dem Ablegen war alles vorbei. In Zweierreihen verließen Menschen mit bleichen Gesichtern das Schiff, den Koffer in der einen, die Tüte(n) in der anderen Hand. Nur meine Frau strahlte – und ich? Ich dachte mit Schrecken, dass wir den Weg in drei Tagen wieder zurückfahren mussten.

Wie gesagt, seitdem habe ich Verständnis für Menschen, die seekrank werden, meine Reiseapotheke ist um ein Medikament reicher, und ich bin vorsichtiger geworden, was Ausflüge auf dem Meer angeht. Insbesondere, wenn der Kapitän selbst davor warnt, in See zu stechen. So geschehen auf Kauai. Meine

Frau und ich hatten, noch vor dem Tsunami-Alarm, einen Trip zur Na-Pali-Küste gebucht. Die kann man nur vom Helikopter (für Fernreiseangsthasen ausgeschlossen!) oder vom Boot aus sehen. Schon am Treffpunkt außerhalb des Hafens wären uns die Fahrkarten fast weggeflogen. An der Mole selbst hatte ich Mühe, nicht direkt ins Wasser zu fallen. Der Sturm war so stark, dass uns der Kapitän zu einer kurzen Vorbesprechung im Schatten eines Hafengebäudes bat.

»Es ist ein bisschen rau heute, und ich weiß nicht, ob wir es wirklich bis zur Küste schaffen werden.«

Er hatte es kaum gesagt, da drehten sich drei von zehn Gästen um. Ich wäre ihnen gern gefolgt, aber meine Frau – die Seglerin! – hielt mich fest.

»Ich verspreche, dass ich mein Bestes gebe, aber es wird hart«, sagte der Kapitän.

Wieder drei weg.

»Ich wollte nur, dass Sie das vorher wissen.«

Wir waren noch zu viert. Zwei Österreicher, ein Fernreiseangsthase und seine Frau.

»Wir sind nur heute hier, also ich würde es gern machen«, sagte der Österreicher, und seine Frau wagte nicht zu widersprechen, obwohl das Boot im Hafenbecken aussah, als ginge es in Kürze unter.

»Seid ihr dabei?«, fragte der Österreicher die verbliebenen Gäste. Also uns.

Ich fürchtete, dass meine Frau Ja sagen könnte, und rief deshalb so laut ich konnte in den Wind: »Nein, wir probieren es morgen nochmal. Oder übermorgen.« Oder nie.

Das wäre mein größter Wunsch gewesen, aber natürlich geht der Wunsch eines Fernreiseangsthasen auf Fernreisen nicht in Erfüllung. Zwei Tage später wagten wir einen neuen

Anlauf. Das Meer war ruhiger, allerdings nur so lange, bis wir die Na-Pali-Küste erreichten. Dort sah ich mich und eine sich kollektiv übergebende japanische Reisegruppe in zehn Meter hohen Wellen. »Jetzt geht das Abenteuer richtig los«, brüllte der Kapitän, und meine Frau wies mich dankenswerteweise auf die Segelschiffe am Horizont hin, die wir nur sehen konnten, wenn wir auf einer Wellenspitze schaukelten.

Zum Glück taten die Japaner dem Kapitän irgendwann leid, vielleicht wollte er die Gräuel seiner Landsleute am Ende des Zweiten Weltkriegs ungeschehen machen. Auf jeden Fall drehte er mitten in einer Monsterwelle um und fuhr mit Höchstgeschwindigkeit zurück in ruhige Gewässer.

Auch wenn meine Frau behauptet, dass das kleine Speedboot, mit dem wir damals unterwegs waren, besonders sicher war: Beim nächsten Mal fährt sie ohne mich. Ich habe beschlossen, eine meiner Flugzeugregeln auch auf Schiffe anzuwenden: je größer, desto besser. Obwohl – das muss warnend gesagt werden – selbst größte Kreuzfahrtschiffe mit Stabilisatoren und erfahrenen Kapitänen nicht immer eine herkömmliche Papiertüte ersetzen.

Die wiederum kann manchmal auch an Land sinnvoll sein. Zum Beispiel in Istanbul. Meine Frau und ich hatten uns die türkische Metropole extra für dieses Buch vier Tage lang angesehen und für den Transfer zum Flughafen den Shuttleservice des Hotels in Anspruch genommen: ein Mini-Bus, nur für uns, schöne breite Ledersitze, dreißig Euro für eine Fahrtzeit von dreißig bis vierzig Minuten. So lange hatte zumindest der nette Herr gebraucht, der uns vom Flughafen in die Altstadt gebracht hatte.

Sein Kollege benötigte für den Rückweg eine Viertelstunde. Das lag daran, dass er die Konversation mit der zahlenden

Kundschaft auf ein kurzes »Atatürk?« beschränkte, um fortan nicht eine der Geschwindigkeitsbegrenzungen zu beachten, die an uns vorbeiflogen wie ein Düsenjet an einem Vogelschwarm. Meiner Frau wurde nach wenigen Minuten schlecht, ich krallte meine Hände wie sonst nur bei schwersten Turbulenzen in zehntausend Meter Höhe in den Sitz.

»Soll ich was sagen?«, fragte ich meine Frau.

Sie schüttelte den Kopf.

»Soll ich ihn bitten, langsamer zu fahren?«

Wieder ein Kopfschütteln. Diesmal schien sie sich darauf zu konzentrieren, ein Wiedersehen mit dem Abendessen zu vermeiden, so lecker das auch gewesen war.

Ich überlegte kurz, ob ich den Fahrer nicht doch ersuchen sollte, zumindest in den unteren dreistelligen Geschwindigkeitsbereich zurückzukehren. Ich verwarf den Gedanken, weil er mich durch die Motorgeräusche sowieso nicht gehört hätte. Außerdem telefonierte er die meiste Zeit. Wir revanchierten uns auf unsere Art: Am Flughafen angekommen schnappten wir uns den Koffer und verschwanden, ohne ein Wort zu sagen. Und selbstverständlich ohne die kleinste Münze in die unverschämterweise ausgestreckte Hand zu legen ...

Sich im Ausland in die Hände eines Busfahrers zu begeben, ist eben etwas anderes als daheim. Das gilt nicht nur für Istanbul, sondern genauso für Mauritius, Sri Lanka oder bloß für Griechenland und Spanien, wo die Herren Chauffeure selbst engste Serpentinen mit einer Geschwindigkeit hoch (und vor allem hinunter) fahren, als seien sie auf einer dreispurigen deutschen Autobahn unterwegs. Zu ihrer Ehrenrettung muss man sagen, dass sie das täglich tun und deshalb wahrscheinlich besser als ein durchschnittlicher Tourist abschätzen können, wie viele Millimeter den Unterschied zwischen einem sicheren Aus- und einem verheerenden Abflug ausmachen. Und solange der Bus modern und gut gewartet ist ...

Was aber soll man von einem Fahrer halten, der einen an sich schon abenteuerlichen Abstieg jede Stunde unterbricht, um mit einer großen Zange unter den Bus zu kriechen und dort etwas zu richten? So geschehen auf der Burma-Rundreise, wo folgender putziger Spruch entstand, nachdem wir den Grund für die Unterbrechungen herausgefunden hatten: »We make a break for the brakes.« Wir machen eine Pause für die Bremsen ...

Das alles kann einem nicht passieren, wenn man selbst fährt. Und genau das tun die Deutschen ja am liebsten. Wir halten uns zumindest so lange für die besten Autofahrer der Welt, bis das Lenkrad auf einmal rechts und sonst alles links ist. So wie in Australien, wo meine Frau und ich sehr froh waren, dass wir angesichts der geringen Bevölkerungsdichte über Stunden hinweg keinem anderen Auto begegneten. Dem Motorradfahrer, den wir an einer Kreuzung auf Tasmanien beinahe übersehen hatten, ist bei seinem Bremsmanöver zum Glück nichts passiert, auch wenn das aufgescheuerte Knie echt fies aussah.

Dennoch sollte man in »linken« Staaten doppelt so konzentriert fahren wie daheim, auf jeden Fall ein Auto mit Automatik buchen und eine Vollkasko-Versicherung ohne Selbstbeteiligung abschließen. Letzteres ist am besten von Deutschland aus zu tun. Denn was den Taxifahrern dieser Welt recht ist, ist den Mietwagenverleihern billig. Gerade in Amerika, dem Land der unbegrenzten Schmerzensgelder, sind sie bemüht, Touristen so viele Extra-Versicherungen wie möglich zu verkaufen. Es muss drüben einen eigenen Wirtschaftszweig geben, der sich nur mit der Erfindung immer neuer Versicherungsarten beschäftigt, die meist eines sind: überflüssig.

Zusätzliche Kosten kommen trotzdem fast immer auf den Mietwagenentleiher zu, und sei es nur die Gebühr für den zweiten Fahrer. Womit wir beim nächsten, sehr, sehr großen Fernreiserisiko wären.

# Erst der Urlaub, dann die Scheidung

Wenn es einen Beweis dafür geben muss, dass Fernreisen Beziehungen zerstören können, hier ist er: Von allen meinen früheren Fernreisebegleiterinnen habe ich mich getrennt, und zumindest in einem Fall waren die Erfahrungen aus den Reisen der Hauptgrund dafür.

Für einen Fernreiseangsthasen gibt es kaum etwas Schlimmeres, als einer Frau zu Gefallen eine Fernreise zu machen und auf dieser festzustellen, dass das Gefallen an der Frau rapide sinkt. Das ist die Höchststrafe: mit einer Begleiterin, die man nicht mehr will, an einem Ort zu sein, an den man nie wollte, und das alles für viel Geld, das man eigentlich nicht hatte.

Deshalb prüfe nicht nur, wer sich ewig bindet, sondern vor allem, wer gemeinsam eine Fernreise unternimmt. Das Beziehungsrisiko fliegt mit, weil man etwa nach zwölf Stunden in der Economyclass nicht mehr ganz so verständnisvoll ist wie daheim vor dem Fernseher. Oder weil man dem anderen in einem asiatischen Garten den Kopf halten muss, während dieser sich erbricht. Oder einfach, weil der nagelneue Samsonite-Koffer beim Ausladen in der australischen Einöde zerbricht und gebrauchte Unterhosen Gepäckband fahren.

Jede Fernreise wird mit an Sicherheit grenzender Wahrscheinlichkeit die eine oder andere Bewährungsprobe für ein Paar bereithalten, und sei es nur der Klassiker vor dem Rückflug (»Hast du die Tickets?« – »Nein, die habe ich dir doch gegeben.« – »Wieso? Letztes Mal hattest du die …«, und so weiter). Selbst harmlose Schusseligkeiten können im Urlaub zu erheblichen Beziehungsstörungen führen. So ist es zum Beispiel ungefährlich, wenn man das gut gefüllte Portemonnaie mit allen Kreditkarten im eigenen Bett unter dem Kissen vergisst. Aber machen Sie das mal in Syrien! Schwierig wird es auch, wenn die Freundin in einem Restaurant in Sri Lanka darauf hinweist, dass man die Ray-Ban-Brille besser nicht auf die Fensterbank legt, weil man sie nachher dort bestimmt vergisst. Natürlich hört Mann nicht darauf – und muss sich drei Tage später auf einem miesen Fälschermarkt unter wüsten Beschimpfungen der Freundin eine neue kaufen. Also eine Brille.

Soll alles schon passiert sein.

Die Folgen dieser und anderer Zwischenfälle sind dramatisch. Angeblich wird jede dritte Scheidung mehr oder weniger direkt nach einem gemeinsamen Urlaub eingereicht. Psychologen erklären dieses Phänomen erstens damit, dass die Partner auf Reisen unverhältnismäßig viel Zeit miteinander verbringen, im Normalfall vierundzwanzig Stunden am Tag. Zweitens würden im Urlaub Verhaltensweisen auftreten, die man im stressigen Alltag nicht bemerkt. Dass der Ehemann nicht genug aufräumt, nur an sich denkt, sich doch nicht für Kultur interessiert, nicht einmal jetzt ein gutes Buch liest, sondern täglich die »Bild«-Zeitung. Dass die Ehefrau in jeden Schuhladen und jeden Tempel laufen muss, abends ein gutes Buch liest und ansonsten früh ins Bett geht, um am nächsten Morgen die erste bei der Aqua-Fitness zu sein. Solche Dinge halt.

Drittens, und das ist die größte Gefahr, die von einem Urlaub für die Beziehung ausgeht: Für zwei, drei oder gar vier Wochen hat ein Paar völlig unvorbereitet die Möglichkeit, rund um die Uhr miteinander zu sprechen. Was ist, wenn man dabei feststellt, dass man sich nichts mehr zu sagen hat? Dass die zehn Minuten, die in deutschen Ehen an einem durchschnittlichen Tag miteinander Konversation betrieben wird, völlig ausreichen?

Wahrscheinlich wird man an diesem Punkt seine Beziehung überdenken oder – und das ist eine ernst zu nehmende Alternative – sein Urlaubsverhalten! Denn warum sollte man bitte schön eine Ehe, die in sechsundvierzig Alltagswochen halbwegs brauchbar funktioniert, für gemeinsame Reisen riskieren, die viel Geld und noch mehr Nerven kosten? Schluss mit der Verschwendung: Sie fährt zur Ayurveda-Kur nach Indien, er mit seiner Fußball-Mannschaft nach Mallorca, und hinterher haben beide tagelang Gesprächsstoff!

Für Beziehungen mit einem Fernreiseangsthasen ist ein Urlaub nicht nur wegen der angeführten Punkte eine Belastung. Es kommen – leider, leider – weitere hinzu. Was mag die Freundin denken, wenn der bis dahin so souverän wirkende Geschäftsmann plötzlich wimmernd neben ihr im Flugzeug sitzt? Wie leidet die Attraktivität eines Ein-Meter-neunzig-Mannes, wenn er sich in eine schmucklose Thrombosestrumpfhose zwängt? Und was kann eine Frau für einen Kerl empfinden, der allen Ernstes Badelatschen, ein eigenes Kopfkissen und eine Packung Sagrotan mit auf Reisen nimmt? Der gemeinsame Urlaub offenbart im Fernreiseangsthasenfall schlimmste Phobien, die im wahrsten Sinne des Wortes abstoßend wirken können.

Ich erinnere mich an eine Situation Ende der Neunzigerjahre in Miami. Damals war die Stadt für Übergriffe auf Touristen verschrien. Kein Reiseführer versäumte es, vor dem Verlassen der Hauptverkehrsstraßen am Abend und in der Nacht zu warnen. Trotzdem war ich auf das Drängen meiner Amerika-Freundin genau dorthin gefahren.

Sie hatte wenig Verständnis dafür, dass ich nach Sonnenuntergang hinter verschlossener Tür in unserem Hotelzimmer bleiben wollte. Sie wollte raus, die Stadt erkunden, erst Miami Beach, dann Miami – das komplette Programm. Weil ich der Mann war, zumindest biologisch, musste ich unseren Mietwagen jede Nacht vom bewachten Hotelparkplatz in die Ungewissheit steuern. So auch an jenem, einem Mittwochabend.

Wir waren gerade zehn Minuten auf der Straße, als meine Amerika-Freundin Hunger bekam. Sie hätte Lust auf was Mexikanisches, am besten von »Taco Bell«, ließ sie mich wissen. Passenderweise tauchte wenig später eine Leuchtreklame der Restaurantkette auf. Wir verließen die Hauptstraße (erster Fehler!), bogen zweimal links und einmal rechts ab (zweiter, dritter und vierter Fehler!) und standen auf dem menschenleeren, dunklen Parkplatz vor »Taco Bell«.

»Wollen wir rein oder lieber zum Drive-in-Schalter?«, fragte ich die Amerika-Freundin.

Zum Glück sagte sie einmal das Richtige: »Drive-in.«

Ich fuhr bis zur Lautsprecheranlage, ließ das Fenster vorsichtig herunter und wollte mit meiner Bestellung beginnen, als ich im Seitenspiegel ein unförmiges, dunkles Wesen mit einem Stock in der rechten Hand auf unser Auto zuhumpeln sah. Es war vielleicht dreißig Meter entfernt.

»Hello?«, bellte es aus dem Lautsprecher.

»Warum bestellst du nicht?«, fragte meine Amerika-Freundin.

Was will diese Gestalt von uns, fragte ich mich.

»Yannik, bestellen! Ich nehme eine vegetarische Fajita, nee, besser zwei.«

Die Gestalt beschleunigte.

»Treeveggifahita«, brüllte ich in Richtung Lautsprecher.

»What?«, kam zurück.

Ich glaubte, die Gestalt keuchen zu hören. Sicherheitshalber fuhr ich das Fenster ein Stück hoch.

»Treeveggifahita.«

»I can't understand you.«

Ich versuchte es ein letztes Mal. Der Stock in der Hand der Gestalt wirkte größer.

»Treeveggiefahita.«

Ich konnte sehen, wie die Frau am »Taco-Bell«-Schalter den Kopf schüttelte. Sie beugte sich über ihr Mikrofon und forderte mich auf, für meine Begleitung Platz zu machen, vielleicht könne wenigstens die vernünftig bestellen.

»Nicht mal richtig Englisch kannst du«, sagte meine Amerika-Freundin und wollte sich zum Lautsprecher hinüberbeugen, als ich den Motor anließ und uns per Kickdown zur Ausfahrt bugsierte. Den Obdachlosen, der uns wahrscheinlich um ein paar Dollar hatte anhauen wollen, hätte es fast umgerissen. Der Gehstock in seiner Hand knickte weg, er konnte sich gerade noch so auf den Beinen halten.

»Was war das denn jetzt?«, rief meine Amerika-Freundin.

Ich stammelte etwas von einer dunklen Gestalt, von der unsicheren Gegend und deutschen Touristen, die wenige Tage vor unserem Urlaubsbeginn hier irgendwo verschwunden wären. Entführt, verschleppt, was weiß ich.

Wir waren auf dem besten Weg, es ihnen gleichzutun, denn ich war in meiner Panik erneut und mehrfach falsch abgebogen. Die letzte Rettung schien eine breite Straße weiter vorne zu sein. Ich beschleunigte und stand auf einmal in einer Sackgasse, an dessen Ende sich die örtliche Jugend zum abendlichen Raubzug traf.

Fragen Sie mich nicht, wie wir da wieder herausgekommen

sind. Irgendwie haben wir es geschafft, und bereits am nächsten Morgen hatte sich mein Puls unter einen Wert von hundertvierzig Schlägen in der Minute beruhigt. Da war meine Amerika-Freundin längst dazu übergegangen, mich »kleiner Feigling« zu nennen. Ich bin mir bis heute sicher, dass sie spätestens an diesem Abend jeden Respekt vor mir verloren hat.

Zumal sie eine von diesen Frauen war, die per Definition immer alles richtig machten. Zu Hause sowieso, im Urlaub erst recht. Es fing damit an, dass sie fünf Sprachen beherrschte und mich im Dialog mit einem spanischen Fremdenführer unter anderem mit den Worten »Ich rede, er zahlt« düpierte. Der Typ hatte wissen wollen, warum ich so still neben den beiden sich ununterbrochen unterhaltenden Turteltauben hergegangen war.

Solche Frauen (oder Männer!) sind nichts für Fernreiseangsthasen. Wir brauchen Begleiter, die uns im Urlaub das Gefühl geben, dass wir nicht die letzten Volldeppen sind (was schwer genug ist!). Deshalb bin ich meiner Frau für jenes Missgeschick unendlich dankbar, welches ihr nahezu am Jahrestag meines Miami-Desasters bei unserem ersten USA-Trip passierte. Wir hatten ein paar Tage in Washington verbracht und wollten per Mietwagen weiter Richtung Kanada fahren. Tage vor dem Abholtermin hatte meine Frau mir eingebläut, dass ich auf keinen Fall meinen Führerschein vergessen dürfte. Ich betrat mit dem Papier voraus den Mietwagenverleih.

»Von wegen, ich würde nicht daran denken«, murmelte ich, als meine Frau vor dem Schalter stehen blieb und anfing, seltsam zu lächeln.

»Ist was?«, fragte ich.

Sie lächelte weiter, zog ihr Portemonnaie heraus, wühlte in ihrer Handtasche, in ihren Hosen- und Jackentaschen.

»Was ist?« fragte ich konkreter.

»Ich habe ihn vergessen«, sagte meine Frau.

»Du hast was vergessen?«

»Meinen Führerschein. Ich habe ihn im Hotel vergessen.«

»Das ist nicht dein Ernst«, hatte ich sagen wollen, verkniff es mir aber. Hätte mir denn etwas Schöneres passieren können? Wir mieteten das Auto mit meinem Führerschein, ich fuhr so lange, bis wir an einem anderen Büro unseres Vermieters vorbeikamen, in dem wir meine Frau nachmelden konnten.

Spätestens seit dieser Geschichte hatte ich das Gefühl, dass sie die Richtige ist: für den Alltag und – viel wichtiger – für Fernreisen. Seitdem bin ich, sind wir unterwegs wie nie, ergänzen uns perfekt in unseren Stärken und Schwächen. Wo ich Angst habe (siehe oben und unten und links und rechts), bleibt sie cool, wo sie Angst hat, ich. Während Fernreisen andere, bemitleidenswerte Paare auseinanderbringen, schweißen sie uns immer mehr zusammen.

Wobei wir den großen Vorteil haben, dass uns nie die Gesprächsthemen ausgehen, nicht einmal in einem lumpigen Zelt in der Sahara. Es muss zwei Uhr in der Nacht gewesen sein, unsere österreichischen Zeltnachbarn hatten sich kurz zuvor in der größten Toilette der Welt Erleichterung verschafft, als ich zu meiner Frau hinüberflüsterte: »Und was ist, wenn wir in einer Wanderdüne sind ...?« Sie brauchte eine halbe Stunde, um den bösen Gedanken zu vertreiben, und ich eine weitere, um dasselbe mit ihren Überlegungen zu Schlangen in der Wüste zu tun ... Allein in dieser Saharanacht haben wir mehr miteinander gesprochen als ein typisches deutsches Ehepaar in einer Woche.

# Wohin fahren wir?

Die eben geschilderten Beziehungsprobleme fangen meist weit vor dem Urlaub an. Sie beginnen zum Beispiel mit der einfach klingenden Frage, wohin es denn gehen soll. Er will Berge, sie Strand, er will Abenteuer, sie Kultur. Die Suche nach dem kleinsten gemeinsamen Reiseort-Nenner kann schon für normale Paare zur Zerreißprobe werden. Kompliziert wird es, wenn einer der beiden ein Fernreiseangsthase ist. Denn die wissen in der Regel vor allem, wo sie NICHT hinwollen. Das mag für Anhänger von Ausschlussverfahren, also etwa für Günther Jauch, eine erregende Alternative sein. Alle anderen dürften die Diskussionen mit einem Fernreiseangsthasen in etwa so ermüdend empfinden wie die Haushaltsberatungen im deutschen Bundestag.

Ich gestehe, meine Reisebegleiterinnen auch deshalb an den Rand von Nervenzusammenbrüchen getrieben zu haben, weil ich selten wirklich gesagt habe, warum ich in dieses oder jenes Land nicht reisen wollte.

Ich habe Südafrika mit der Begründung abgelehnt, dass ich mich nicht für Tiere interessierte und es hassen würde, in den Zoo zu gehen. (Tatsächlich hatte ich kein Interesse daran, an einer roten Ampel ausgeraubt zu werden.) Ich war gegen Indien, weil ich angeblich mit dem subtropischen Klima nicht zurechtkomme. (In Wahrheit komme ich mit den unzähligen, unbekannten Krankheiten und der Armut nicht klar.) Ich behauptete, die Vietnamesen seien so unfreundlich, dass eine Reise durch das Land für jeden Touristen zur Enttäuschung werden müsse. (In Wirklichkeit hatte ich keine malariafreie Route gefunden.)

All das führte zu kuriosen Reiseplanungen: Eine Fahrt sollte mit China beginnen (für das zum Glück unser Visum abgelehnt wurde) und endete am Gardasee. Eine Reise sollte uns nach Mexiko bringen, wurde kurzfristig zu Israel(!) und schließlich zu einer Kreuzfahrt durch das Mittelmeer. Ich habe drei bereits gebuchte Reisen storniert, weil sie mir bei genauerem Hinsehen doch zu viel Angst machten. Ich habe einen Rückflug (von München nach Hamburg) verfallen lassen, weil der Hinflug so ruckelig war, und bin stattdessen mühsam mit der Bahn nach Hause gefahren. Ich habe mich von Frauen getrennt, weil ich den Druck des Weit-weg-reisen-Müssens nicht mehr ausgehalten habe.

Deshalb ist es für alle, die die Beziehung zu einem Fernreiseangsthasen aufrechterhalten wollen, existenziell, einen Urlaub bis ins kleinste Detail zu planen. Sonst kann man es gleich lassen. Das Dilemma ist Folgendes: Die Vorbereitung ist mindestens eine so große Gefahr für den Fortbestand der Beziehung wie die Reise selbst. Denn nicht nur Fernreiseangsthasen graut es vor Reiseplanungen und -vorbereitungen. Knapp fünfzig Prozent der Deutschen, nämlich alle Männer, hassen schon das Kofferpacken.

Neben der Suche nach dem Ziel gibt es folgende entscheidende Prä-Reise-Phasen:

### Die Reiseplanung:

Dies ist der wirklich harte Teil. Das Land ist grundsätzlich gefunden, mehr nicht. Nun müssen Unterkünfte, Mietwagen,

Transfers und Flüge (In- wie Ausland) gebucht werden. Gerade Letzteres ist nichts, womit sich der Fernreiseangsthase gern beschäftigt. Trotzdem ist es unbedingt und unter Androhung von Sex- und sonstigem Liebesentzug erforderlich, ihn an den Planungen zu beteiligen. Zumindest bei der Auswahl der Fluggesellschaften MUSS der Fernreiseangsthase mitreden, sonst drohen Zusammenbrüche und Panikattacken vor Ort. Das größte Problem werden dabei Inlandsflüge im Ausland sein, weil man die zum Beispiel nicht mit der geliebten Lufthansa oder einer ähnlich sicheren Gesellschaft machen kann.

In meinen Reiseanfangszeiten habe ich Inlandsflüge vor Ort grundsätzlich abgelehnt, bis sich ausgerechnet in Burma einer nicht verhindern ließ. Wir hätten Tage gebraucht, wenn wir mit der Bahn von Bagan in die Haupstadt Rangun zurückgefahren wären. Deshalb hatte unsere Reiseführerin für unsere Gruppe einen Flug mit der einheimischen, extra für Touristen gegründeten Air Mandalay gebucht. Die setzte nicht nur auf angeblich extrem sichere Turboprop-Maschinen, sondern zudem auf in Frankreich ausgebildete Piloten. (Wer einmal mit Air France unterwegs war, weiß, dass das nicht wirklich ein Gütesiegel ist. Aber ich war damals noch nicht mit Air France geflogen ...)

Unser Flug hätte in Deutschland oder irgendwo anders in der Ersten und Zweiten Welt niemals stattgefunden. Die Maschine landete direkt vor der Tür der kleinen Halle, in der wir warteten. Statt eines geordneten Check-in wurden die knapp achtzig Passagiere innerhalb von zwei(!) Minuten durch die Sicherheitstüren geschleust. Die piepten, als hätte jeder von uns einen Revolver, eine Maschinenpistole und etwas Plastiksprengstoff im Handgepäck. Das Boarding war innerhalb von zehn Minuten abgeschlossen, sodass wir keine Zeit hatten, uns über die vier Japaner zu wundern, die in der Maschine saßen. Erst nach dem Start erklärte der Pilot, der für seine französische Ausbildung erschreckend akzentfrei Englisch sprach, dass er nicht direkt nach Rangun fliegen, sondern einen Abstecher nach was weiß ich machen würde – in die völlig falsche Richtung! Dort ließ er die Japaner aussteigen und ging schnell eine rauchen, bevor er uns endlich zu dem Ziel brachte, das auf unseren Tickets stand. Jetzt wissen Sie, warum ich außerdeutschen Inlandsflügen gegenüber bis heute skeptisch bin und deren Buchung niemals meiner Frau überlassen würde ...

Kommen wir zu einem zumindest aus Sicherheitserwägungen angenehmeren Thema, der Suche nach Hotels. Die war – die Älteren mögen sich erinnern – früher einfach. Man nahm sich aus dem Reisebüro vier Kataloge mit, sah die wenigen bunten Bilder an, las die kurzen Beschreibungen und sortierte alles aus, wo etwas wie »verkehrsgünstig gelegen« stand. Den Rest erledigte der Reisebüroonkel, der im Zweifel die Schuld dafür trug, dass das Hotel schmuddelig, zwanzig Kilometer vom Strand entfernt oder gar nicht gebaut worden war.

Schöne, alte, beziehungsfreundliche Zeit.

Heute verbringt man Tage, Wochen oder Monate bei Tripadvisor, Holidaycheck oder Wasistnunbitteschönwirklichdasallerbestehotel.com, um Tausende von Bewertungen durchzulesen, Fotos anzusehen und auf virtuelle Touren zu gehen. Bei manchen Suchen bekam ich den Eindruck, ich müsste nicht mehr in das Hotel fahren und in die Umgebung erst recht nicht, weil ich längst alles gesehen hatte.

Die genaue Recherche ist dabei nur der erste Schritt. Im zweiten müssen die Preis- und Buchungsportale ausgewertet werden, also etwa hrs.com, um schließlich mit den Angeboten auf den Internetseiten der Hotels abgeglichen werden zu können. Erst nach dieser sehr, sehr aufwendigen Prozedur darf man sich endlich ans Buchen machen, Hotel für Hotel, was bei einer vierwöchigen Reise durch Neuseeland richtig lange dauern kann. Weil meine Frau und ich dazu weder Zeit noch Lust hatten, waren wir kurz davor, eine pauschale Mietwagenreise aus dem Katalog zu buchen, so wie früher. Warum wir es nicht taten, sondern uns drei Wochenenden von Hotel zu Hotel klickten, bringt uns direkt zum nächsten Punkt.

### Die Finanzierung:

Wer den Reisespaß, so er denn einer werden sollte, bezahlt, kann schnell zu einem weiteren Streitthema unter Paaren werden. Insbesondere dann, wenn man sich nicht wie Alex ein maximales Budget von fünf Euro pro Übernachtung setzt und bei den Transfers im jeweiligen Land komplett auf Viehtransporter vertraut. Für Fernreiseangsthasen ist die Finanzierung – ich glaube, ich habe es oben angedeutet – ein elementarer Punkt. Wenn man auf Sicherheit und eventuell sogar körperliche Unversehrtheit Wert legt, kann ein Urlaub teuer werden. In meinem Fall trifft nun ein Fernreiseangsthase, also ich, auf eine Kakerlaken-Phobikerin und Hygiene-Fanatikerin. Als ich meiner Frau einmal vorschlug, auf unserer Hawaii-Rundreise ausnahmsweise in ein Drei-Sterne-Hotel zu gehen, runzelte sie nur ihre schmale Stirn:

»Irgendwann hört es auch mal auf, mein Freund.«

Inzwischen gelten wir im Freundeskreis als Sechs-Sterne-de-luxe-Reisende, was ein Grund dafür ist, dass ich Bücher wie diese schreibe. Ich muss das Geld für den nächsten Urlaub reinbekommen, und zwar schnell.

Wenn man verheiratet ist, wird die Finanzierung simpel: Das Geld wird von der Kreditkarte des Mannes abgebucht.

Wenn man dagegen mit einer Freundin auf Reisen geht, wird es komplizierter. Die Grundkosten – Flug, Mietwagen, eventuell Hotelübernachtungen – lassen sich vor Beginn durch zwei teilen. Was ist aber mit dem Geld, das an den Urlaubstagen ausgegeben wird? Wer zahlt was und wenn ja, wie viel? Muss der Mann, wie daheim üblich, den Großteil der Ausgaben begleichen, ganz Urlaubskavalier? Sollte lieber an einem Tag der eine und am anderen Tag der andere zahlen? Oder ist dadurch nicht ein Streit vorprogrammiert, weil einer sich immer übervorteilt fühlt? (»Gestern haben wir für hundert Euro in diesem Spitzenrestaurant gegessen. Heute zahlst du, und wir nehmen nur 'nen Hamburger to go! Das ist mal wieder typisch!«)

Wie man es macht, macht man es falsch. Selbst die vermeintlich fairste Lösung – jeder addiert seine Ausgaben, zieht sie am Ende von denen des anderen ab und gleicht gegebenenfalls den Rest aus – hat ihre libidinösen Tücken. Denn wie uncool ist es, wenn man vor dem Schlafengehen das Notizbuch aufschlägt und bis auf die Kommastelle alles vermerkt, was man bezahlt hat? Wobei ich nicht verschweigen will, dass ich zumindest einen Mann kenne, der es genau so gemacht und am Ende des Urlaubs allen Ernstes von seiner Freundin einen Euro und zweiundfünfzig Cents zurückverlangt hat. Inzwischen sind die beiden nicht mehr zusammen.

Noch komplizierter kann es werden, wenn auf Reisen einer unverhofft zu Geld kommt. Also nicht, was Sie jetzt denken, beim Hütchenspielen oder so (wie gesagt: Man kann nicht gewinnen!). Nein, es gibt ganz legale Möglichkeiten, im Urlaub bescheidenen Wohlstand zu erreichen, und dafür muss man nicht einmal weit fahren. Die Geschichte, die ich nun erzähle, trug sich auf Teneriffa zu und ist von Anfang bis Ende wahr.

Meine Reisebegleiterin – ich lasse diese Bezeichnung bewusst so vage – war eine Journalistin, die sich sehr gut mit der Automobilindustrie auskannte, insbesondere mit der Marke Mercedes. So kam es, dass sie eines Morgens nicht wie ich gedankenverloren an dem weißen Kleinwagen vorbeilief, der im Innenhof unseres wunderschönen Hotels stand.

»Das ist doch …«, sagte sie und blieb stehen.

»Das ist was?«, fragte ich, der ich tierischen Hunger hatte und schnellstens zum Frühstück wollte.

»Das ist doch die neue B-Klasse«, sagte sie.

»Na und? Wir müssen uns beeilen, die fangen in zwanzig Minuten an, das Frühstück abzubauen.«

Meine Begleiterin hörte nicht auf mich. Sie schlich um das Auto herum, als hätte sie so etwas noch nie gesehen.

Hatte sie auch nicht. Denn der Wagen, der dort stand – mehr oder weniger direkt vor unserem Hotelzimmer –, war das allererste Modell der neuen B-Klasse. Es war heimlich zu Werbeaufnahmen hierhergebracht worden, wir sollten später die Fotografen in der Anlage sehen.

Doch erst einmal fotografierte hier nur eine. Meine Begleiterin war für ihre Verhältnisse rasend schnell zurück ins Zimmer gelaufen, hatte ihre Kamera geholt und noch im Gehen angefangen, Bilder zu machen.

»Das ist eine Sensation, damit kann man richtig viel Geld verdienen«, sagte sie und bat mich aufzupassen, falls jemand kommen sollte. Und siehe da: Es kam jemand, und er sah not amused aus. Ich nahm meine Begleiterin in den Arm, sie verbarg die Kamera unter ihrem T-Shirt, und wir taten so, als würden wir in Richtung Frühstücksraum verschwinden. Ich spürte, dass der Typ hinter uns herging.

»Scheiße«, sagte meine Begleiterin. »Der darf den Film

nicht kriegen.« Sie drückte unter ihrem T-Shirt immer und immer wieder ab, bis die Kamera automatisch zurückspulte. Damals gab es noch so gut wie keine digitalen Apparate. Kurz bevor der Verfolger uns erreichte, hatte sie den Film aus dem Gehäuse gepuhlt und mir zugeschoben.

»Versteck ihn gut«, zischte sie, da wurden wir auch schon angesprochen.

Der Typ gab sich als Sicherheitsbeamter aus und fragte, was wir an dem Auto gemacht hätten. Wir sagten »nothing«, aber er sah die Kamera und forderte »asap«, einen Blick hineinzuwerfen. Meine Begleiterin übergab ihm das gute Stück, ließ ihn die Verkleidung öffnen und in das leere Fach sehen. Uns seien die Filme ausgegangen, wir wollten gleich nach dem Frühstück neue kaufen, logen wir. Das schien den B-Klasse-Beschützer zu überzeugen. »Have a nice day«, sagte er und drehte ab.

Den hatten wir, allerdings eine Woche nach unserer Rückkehr. Meine Begleiterin verkaufte die exklusiven Bilder der neuen B-Klasse für eintausendfünfhundert Euro und damit für das Doppelte des Reisepreises – an eine Agentur. Vier Tage später erschienen die Fotos auf der Titelseite der »Bild«-Zeitung.

Und was hatte ich davon? Nichts. Dabei hatte ich den Film im entscheidenden Moment in den Tiefen meiner Unterhose behütet wie sonst nur ... Womit wieder einmal bewiesen wäre: Bei Geld hört die Freundschaft (leider) auf.

Inzwischen habe ich den Verlust mit jenem schon erwähnten Neuseeland-Urlaub wettgemacht. Denn glücklicherweise rafften meine Frau und ich uns auf, den Preis der pauschalen Mietwagenrundreise mit den Kosten einer selbst zusammengestellten Tour zu vergleichen. Was nicht so schwer war, weil wir lediglich bei allen im Katalog angegebenen Hotels nach Angeboten fragen mussten. Was soll ich sagen: Für die individuelle Reise zahlten wir nicht einmal zweitausendvierhundert Euro und damit fast die Hälfte des Pauschalpreises.

### Die Reiserücktrittsversicherung:

Sie können einem Fernreiseangsthasen keine größere Freude machen, als ihm eine Reiserücktrittsversicherung zu schenken. Am besten ist eine, die das ganze Jahr gilt, sich automatisch verlängert und einen Reiseabbruch einschließt. In äußerst schwierigen Fällen empfiehlt es sich, die Reiseplanung damit zu beginnen. Denn die Versicherung gibt, der Name lässt es erahnen, dem Fernreiseangsthasen ein Gefühl von Geborgenheit, das seine Vorbehalte gegen einen Urlaub mindern wird. Die Logik dahinter ist folgende: Wenn man eine Reise jederzeit absagen kann, ohne dabei einen finanziellen Schaden zu erleiden (ein Attest und einen befreundeten Arzt, der es ausstellt, vorausgesetzt), ist eine Buchung gar nicht so schlimm. Sie bekommt durch die Reiserücktrittsversicherung etwas Vorläufiges, weniger Bedrohliches. Notfalls kann man ja ganz, ganz kurzfristig ...

So wie damals bei meiner Burma-Reise, Sie werden sie nicht los. Mir war in der Nacht vor dem Abflug so schlecht, dass ich meiner Asien-Freundin erklärte, ich würde auf keinen Fall mitkommen und stattdessen die Reiserücktrittsversicherung in Anspruch nehmen. Teuer genug sei die ja gewesen! Mit diesem Gefühl schlief ich in einem Hotel am Frankfurter Flughafen ein, von einer gigantischen Last befreit. Ich merkte nicht einmal, dass meine Asien-Freundin ziemlich lange weinte.

Am Morgen stand ich wie geplant mit ihr zusammen auf. Wir fuhren zum Terminal, sie mit den Flugtickets, ich mit der Reiserücktrittsversicherung in der Tasche. Ich hatte ihr versprochen, sie wenigstens hierhin zu begleiten, bevor ich mit der Bahn (womit sonst?) zurück nach Hamburg fahren würde. Es war eine denkwürdige Szene, als sich unsere Wege trennen sollten:

»Tschüss«, sagte meine Asien-Freundin. Und: »Schade.«

»Trotzdem einen schönen Urlaub«, sagte ich, bevor es mich von wo auch immer durchzuckte, und ich flüsterte: »Renn los, gib ganz schnell meinen Koffer auf. Das ist die letzte Chance.« Sie hat es gemacht, in zwei schwachen Minuten meinerseits, und danach gab es kein Zurück mehr. Die Reise hatte begonnen, die Reiserücktrittsversicherung griff nicht mehr, ich musste mit ...

Trotzdem hatte die Versicherung ihren Zweck erfüllt. Sie hatte mir in der letzten Nacht vor der Reise ein paar ruhige Stunden beschert. Deshalb würde ich es immer und immer wieder tun, also mich reiserücktrittsversichern, auch wenn das für zwei Personen (mit Abbruchschutz) gern einmal dreihundertfünzig Euro im Jahr kosten kann. Aber sicher ist sicher, wem sag ich das?

### Kofferpacken:

Habe ich eben behauptet, dass die letzte Nacht vor der Abreise das Schlimmste ist? Das ist Unsinn. Das Schlimmste vor einem Urlaub ist das Kofferpacken. Und das sage ich ausnahmsweise einmal im Namen aller – Alex wie immer ausgenommen, weil der keinen Koffer hat. Ich kenne zumindest niemanden, der Kofferpacken mag, dafür aber Hunderte, die es hassen. Selbst Menschen, die es perfekt können, wie meine Frau oder meine Mutter, mögen es nicht. Dabei ist Kofferpacken – Alice Schwarzer möge es mir verzeihen oder mich in einem offenen Brief vorverurteilen – Frauensache.

Ich rechne damit, dass Wissenschaftler noch in diesem Jahrzehnt feststellen werden, dass Männer genetisch dazu nicht in der Lage sind. Sei es, weil wir ein angeborenes Defizit beim Zusammenlegen von Sachen haben, das in seiner Komplexität nur mit dem Verpacken von Geschenken zu vergleichen ist. Sei es, weil wir die entscheidenden Lücken für Socken, Unterhosen oder Bikinis nicht erkennen. Oder sei es, weil wir keinerlei Ahnung haben, was man in einen zwei-, drei- oder vierwöchigen Urlaub mitnehmen muss und wie sich verschiedene Aufenthaltsdauern beziehungsweise -orte auf die Zusammensetzung des Kofferinhalts auswirken. Allein der Gedanke an das Abfassen entsprechender Abhaklisten macht uns Angst.

Nein, unsere Aufgaben sind in dieser entscheidenden Phase der Reisevorbereitung andere: Koffer vom Dachboden/aus dem Keller holen, meinetwegen entstauben und abwischen, zum Beladen im Wohn- oder Esszimmer fertig machen; zwischendurch unter Vernachlässigung bestehender Rückenprobleme und Leistenbeschwerden das Gepäck auf die Waage hieven, um zu prüfen, ob die vorgeschriebenen zwanzig Kilo nicht überschritten werden. Am Ende ist es schließlich uns allein vorbehalten, die beiden Kofferseiten mit dem eigenen Körpergewicht so weit aufeinanderzupressen, dass unsere Frauen die Reißverschlüsse zuziehen können, ohne sich mehr als einen Fingernagel abzubrechen. Gern schreiben wir dann diese kleinen Zettel mit Namen und Adresse, die man immer um die Griffe wickelt. Und selbstverständlich tragen wir die Koffer morgens zum Taxi und vom Taxi zum Check-in, keine Frage. Mehr darf man von uns, Fernreiseangsthase hin oder her, aber wirklich nicht erwarten.

## Die Reisenachbearbeitung:

Der Punkt scheint nicht in dieses Kapitel zu passen, aber er muss der Vollständigkeit halber erwähnt werden. Denn nach der Reise ist vor dem Fotoalbum. Wenn man denkt, dass nun alles gut ist und sich gerade ob überstandener Taxifahrer-, Giftspinnen- und Thrombosestrumpfhosen-Attacken entspannen will, geht das Grauen erst los. Hunderte Fotos müssen von digitalen Kameras auf den Computer heruntergeladen und beschriftet werden. Danach folgt eine erste Auswahl, um zu entscheiden, ob für die Reise ein einfaches Fotobuch reicht oder ein kleineres, mittleres oder riesiges Album angelegt werden muss. Weil meine Frau und ich fotografieren wie andere Leute atmen, muss es bei uns nahezu immer ein riesiges Fotoalbum im Wert eines Fluges von Hamburg nach London sein, in dessen Kauf mich meine Frau dankenswerterweise jedes Mal mit einbezieht. Die entscheidende Frage ist dabei die nach der Farbe des Umschlags: Passt Orange zu Australien? Werden wir mit Rot Singapur gerecht (oder müsste es nicht ein Kaugummiton sein)? Hatten wir Blau nicht schon bei Norwegen? Sie können sich nicht vorstellen, wie froh ich bin, dass es Fotoecken nur in Weiß gibt ...

Wenn wir von denen genügend gekauft und die Fotos für den Wert des Rückflugs London-Hamburg ausgedruckt haben, kann die Arbeit beginnen. Bilder, Eintrittskarten, Rechnungen und andere papierne Erinnerungen werden auf den Albumseiten verteilt, mit Fotoecken versehen und eingeklebt. Normalerweise ist der Urlaub zu diesem Zeitpunkt mindestens acht Wochen her, und es wird schwierig, das zu tun, was man – zumindest nach Meinung meiner Frau – nun tun muss. Jede Seite wird per Hand beschriftet, wahlweise mit einem silbernen oder goldenen Glanzstift, der etwa so lange zum Trocknen braucht wie das Finanzamt, um unsere Steuererklärung zu bearbeiten. So gehen die Tage, Wochen und Monate dahin, und ehe man sich versieht, ist man schon wieder auf Reisen und der ganze Kram beginnt von vorn.

Finden Sie eigentlich, dass Rosa zu Hawaii passt?

# Einsam, zweisam, dreisam

Wenn denn nun – wie wir zweifelsfrei festgestellt haben – ein Urlaub zu zweit nicht nur beschwer-, sondern gefährlich für die Beziehung sein kann, was, bitte schön, ist die Alternative?

Es gibt drei Möglichkeiten.

Die des extremen Fernreiseangsthasen: Er bleibt zu Hause.

Die von Alex: Er fährt allein.

Die eines fragilen Fernreiseangsthasens: Er fährt in der Gruppe.

Wobei niemand glauben soll, dass diese Varianten frei von Problemen sind. Das Gegenteil ist der Fall. Für die Angst vor dem Alleinreisen gibt es sogar einen Fachbegriff, Agoraphobie. Unter der leiden, neben Urlaubswaschlappen wie mir, vor allem Frauen. Und da hilft es wenig, wenn zum Beispiel die »Freundin« schreibt, dass »nur das Alleinreisen echtes Reisen ist«. Also ohne Mann, der die schweren Koffer schleppt, möglichst alle Rechnungen zahlt und vor allem andere Typen auf Distanz hält. Ein Mann mag als Reisebegleiter manchmal eine Plage sein, als Schutzschild kann er richtig wertvoll werden. Es kann sich sogar lohnen, einen Fernreiseangsthasen an seiner Seite zu haben, wenn der halbwegs groß und kräftig aussieht. In einigen muslimischen Ländern kann er für eine Frau zudem die einzige Chance sein, in einem Geschäft bedient und auf der Straße nicht direkt für eine Prostituierte gehalten zu werden.

Nicht auszudenken zum Beispiel, wenn meine Frau allein durch Marokko gefahren und auf dem Weg in die Wüste in genau jenem Hotel gelandet wäre, in dem wir zu zweit abgestiegen waren.

Im Katalog hatte das einen netten Eindruck gemacht und selbst der »Lonely Planet« hatte es ob seines »exorbitant großen Pools« gelobt. Das klang gut, und wir buchten im Voraus, Abendessen inklusive. Bei dem war meine Frau dann allein unter Männern, von denen sie leider nur einen und nicht gerade den Mutigsten kannte. Auch an der Rezeption, in den Nachbarzimmern, im Restaurant: kein weibliches Gesicht, kein anderes Paar. Wir fühlten uns wie Eindringlinge in eine gleichgeschlechtliche Welt, wie zwei Menschen, die etwas Verbotenes tun.

Und genauso wurden wir auch behandelt. Weder einer der Kellner noch sonst jemand hatte einen netten Blick für uns. Wir schlangen unser Essen im düsteren Restaurant hinunter, um sofort wieder im Zimmer verschwinden zu können. Als wir dort ankamen, knallte meine Frau die Tür mit einem Ruck zu und schloss zweimal ab.

»Hast du den Typen gesehen?«, fragte sie mit Panik in der Stimme.

»Welchen Typen?«, fragte ich zurück.

»Den großen dunklen.«

Davon hatte es im Restaurant ein paar Dutzend gegeben.

»Der mir zugezwinkert hat.«

»Der dir zugezwinkert hat?« Mir wurde langsam unwohl.

»Ja. Als wir aufgestanden sind, hat er mir zugezwinkert, und als wir rausgegangen sind, hat er auf sein Handy gezeigt. Als ob ich ihn anrufen soll. Und dann ...« Ihre Stimme fing an zu zittern.

»Was, und dann? Nun beruhige dich erst Mal«, sagte ich und wollte das Licht anmachen.

»Kein Licht!«, befahl meine Frau.

Ich nahm die Hand vom Schalter.

»Hast du denn nicht gehört, wie er uns nachgegangen ist?« Sie zog die Gardinen ein Stück zurück und blinzelte in die Nacht hinaus. »Oh nein, ich glaube, er steht da vorn unter dem Baum und guckt direkt her.« Sie ließ die Gardine zurückschnellen. »Yannik, ich habe Angst.«

Sie hatte was? Ich war hier der Fernreiseangsthase und sie ... Reiß dich zusammen! Mann!

»Das bildest du dir ein. Lass mich mal gucken.« Ich lugte hinaus, konnte erst nichts erkennen, dann einen Schatten wenige Meter von unserem Fenster entfernt. Scheiße.

»Da ist echt einer.« Nun hatte auch meine Stimme den Rest ihrer Festigkeit verloren.

»Sage ich doch. Was machen wir, was machen wir? Wären wir nur nicht hierhergekommen.«

»Vielleicht telefoniert er bloß, weil er im Restaurant keinen Empfang hatte.« Meine vorletzte Hoffnung.

»Quatsch.«

»Vielleicht ist das ein blöder Zufall.« Die letzte.

Meine Frau war wieder am Fenster.

»Er ist immer noch da.«

»Ich gehe mal raus.«

»Nein, tu das nicht. Wer weiß, was das für einer ist.«

»Ich gucke mal.«

»Aber mach kein Licht, sonst sieht der, wo genau unser Zimmer ist.«

Ich war draußen, ging den dunklen Weg entlang Richtung Parkplatz und klimperte mit dem Autoschlüssel in der Hand –

ganz so, als wollte ich etwas aus dem Wagen holen. Der Typ stand immer noch da, er hatte ein Handy in der Hand und sah aus, als würde er etwas beobachten. Ich spürte, wie mein Puls schneller wurde. Ich blieb zwei, drei Minuten beim Auto, bevor ich zurücklief. Alles war wie vorher, nur hatte der dunkle Kerl sich umgedreht. Ich duckte mich an ihm vorbei und hastete so unauffällig wie möglich zu unserem Zimmer. Meine Frau guckte aus dem Fenster, bevor sie aufmachte.

»Da bist du ja endlich, ich habe mir schon Sorgen gemacht.« Sie sah mitgenommen aus, und ich hatte zunehmend das Gefühl, die Lage nicht mehr im Griff zu haben. Der Typ mit dem Handy war schließlich nicht allein. Da draußen gab es Hunderte davon.

»Ist er weg?«, fragte meine Frau.

»Nein«, antwortete ich und nahm meinen ganzen Mut zusammen: »Meinst du nicht, dass wir übertreiben? Da steht einer, telefoniert, und wir kriegen Panikattacken.«

»Er hat mir zugezwinkert, Yannik, er hat mir zugezwinkert!« Meine Frau klammerte sich an mich. »Was bin ich froh, dass ich dich bei mir habe. Nicht auszudenken, wenn ich heute Abend allein hier wäre ...«

An diesen Satz musste ich denken, als ich zum ersten Mal von Agoraphobie las. Männer können für alleinreisende Frauen sehr, sehr lästig werden. Das gilt übrigens nicht nur in jenen muslimischen Ländern, in denen Frauen im öffentlichen Leben etwa die gleiche Rolle spielen wie Männer beim Kinderkriegen. Nein, als Alleinreisende ist man auch in westeuropäischen Gruppen gefährdet, weil offensichtlich selbst der Emanzipation und Aufklärung zugeneigte deutsche Männer beim Anblick einer Frau ohne Begleitung nur einen Gedanken haben: »Die will es doch auch.« Zumindest war das der mit

Abstand häufigste Satz, den eine Bekannte auf ihren letzten beiden Reisen hören musste. Wobei man zur Verteidigung der Herren sagen muss, dass die alle allein unterwegs waren. Unsere Bekannte hatte nämlich, um den dämlichen Anmachen fremder Kerle zu entgehen, eine Singlereise mit deutschen Jungs gebucht ...

Wenn SINGLES eine GRUPPENreise machen, ist alles möglich. Womit wir bei der letzten Alternative und damit bei der scheinbar sichersten Form des Reisens wären, die ihre Vollendung in der noch näher zu beschreibenden Kreuzfahrt finden wird. In meinen Reisenanfängen war ich ein großer Freund der Gruppe, so nach dem Motto: Zusammen sind wir stark. Es kam mir vor, als könne man ein Stück Heimat plus ein Stück Sicherheit mit in den Urlaub nehmen. Um das Kofferpacken muss man sich zwar allein kümmern, um viel mehr aber nicht. Immer ist jemand da, der einem sagt, wo es langgeht, immer ist jemand da, der die fremde und, noch mehr, die die eigene Sprache sprechen. Kann es für einen Fernreiseangsthasen etwas Schöneres geben?

Nein, dachte ich, und das stimmt, wenn man nur die Vorteile einer Gruppenreise sieht. Leider gibt es auch den einen oder anderen Nachteil. Wer Pech (und den falschen Anbieter) hat, findet sich auf einmal zwischen Krückstöcken, Gehwagen und Mitreisenden, die darauf bestehen, zur Tempelanlage über eine Rolltreppe zu fahren. Wobei das Schlimmste ist, dass es die Rolltreppe mitten im Dschungel tatsächlich gibt, weil nicht nur unsere, sondern Hunderte anderer Reisegruppen aus Europa hier täglich stoppen. Nicht dass wir uns falsch verstehen. Ich freue mich, wenn Achtzig-, Neunzig- und Hundertzwanzigjährige sich Hindu-Tempel ansehen – aber bitte nicht mit mir zusammen! Zumal man es als verhältnismäßig junger

Mensch kaum ertragen kann, wenn die betagten Begleiter darauf bestehen, am folgenden Morgen spätestens um sechs Uhr zum nächsten Ziel aufzubrechen, um möglichst viel vom Tag zu haben.

Überhaupt ist eine Gruppenreise nichts für Menschen, die im Urlaub gern ausschlafen – ob sie nun Fernreiseangsthasen sind oder nicht. Hier ist man, wenn man um acht Uhr mit zugeklebten Augen zum wartenden Bus wankt, bereits ein Langschläfer. Ich habe zwei Gruppenreisen gemacht und es nur einmal geschafft, nicht als Letzter in den Bus zu steigen: Das war – die Älteren werden sich erinnern :-) –, als in Burma der Magen-Darm-Virus in mir wütete.

Wobei meine Gruppentouren am Ende so schlecht nun auch nicht waren. Mit einigen Mitreisenden haben wir uns nach dem Urlaub ein paarmal getroffen, was man ja nicht machen würde, wenn alles furchtbar gewesen wäre. In Dubai hat die Kraft der deutschen Gruppe meiner Frau und mir sogar zu einem Hotelzimmer verholfen. Dabei kannten sich die Beteiligten kaum.

Es war auf einem Zwischenstopp – wir kamen aus Malaysia und warteten auf unseren Weiterflug mit Emirates nach Hamburg –, als auf einmal nichts mehr ging. Sämtliche Flüge wurden gestoppt, die ersten annulliert, und als ich die endlosen Gänge bis zum anderen Ende des Flughafens gelaufen war, wusste ich, warum. Eine Maschine der Bangladesh Airlines hatte sich mitten auf der Startbahn zur Seite geneigt, ein Flügel war auf den Boden geknallt. Die Passagiere wurden über die Notausgänge hinausbugsiert, es wirkte nicht sonderlich dramatisch.

Das war es aber, weil sich in den nächsten Stunden niemand in der Lage sah, das defekte Flugzeug vom Rollfeld zu entfernen. Flug um Flug wurde gestrichen, schließlich auch unserer. Wenigstens gab es kostenlose Hamburger – also die zum Essen – für alle, und irgendwann kündigte eine Lautsprecherstimme an, dass wir nun an die Emirates-Schalter kommen könnten, um eine neue Verbindung zu buchen oder ein Hotel für die Nacht zu bekommen.

Das klang nach vernünftigem Krisenmanagement, was wir Emirates genau so lange zutrauten, bis wir die Zahl der geöffneten Schalter sahen. Es waren fünf. Nicht viel angesichts Tausender Menschen, die aus allen Winkeln des Terminals angelaufen kamen, als hätte ein Räumungsverkauf bei Ikea begonnen. Es war ein Chaos, wie es der Fernreiseangsthasenseele nicht guttut, und die Menschen hinter den Schaltern taten wenig dagegen. Sie wirkten gelangweilt bis desinteressiert und schienen nicht mitzubekommen, dass dieser Check-in nicht war wie jeder andere. Es bewegte sich kaum etwas, und wir schöpften erst Hoffnung, als verschiedene Flugziele einzelnen Schaltern zugeordnet wurden. Im Viertelstundentakt wurden Städtenamen aufgerufen, auch europäische. Nur Hamburg war nicht dabei. Nach einer Stunde nicht, nach zwei Stunden nicht, nach drei Stunden: kein Hamburg.

Um uns herum war die Zahl der empörten deutschen Stimmen immer lauter geworden, und irgendwie hatten wir, die verlassenen Bundesbürger, zueinander gefunden. Fragen Sie nicht, wie es genau passierte, aber plötzlich standen wir in einer Gruppe von fünfzig Mann zusammen. Und als einer anfing, den Namen unserer Heimatstadt zu rufen, fielen die anderen ein. Ich auch: »Hamburg, Hamburg, Hamburg, Hamburg, Hamburg«, schrien wir so lange, bis hinter die Schalter Bewegung kam. »Hamburg, Hamburg, Hamburg!« Man machte uns eine Gasse frei, ich war einer der Ersten, die versorgt wurden. Meine Frau und ich erhielten einen Gutschein für eine Übernachtung in einem Fünf-Sterne-Hotel und lernten auf diese Weise Dubai kennen, zusammen mit ein paar der anderen Aufständischen.

So müssten Reisegruppen immer sein!

# Mit dem Visum wird es keine Probleme geben

Manchmal kann eine Fernreisephobie höchst politische Gründe haben. Alex stört sich nicht daran, wenn er mitten durch eine Militärdiktatur oder ein Land reist, in dem die Todesstrafe so selbstverständlich ist wie bei uns ein Knöllchen wegen Falschparkens. Fernreiseangsthasen könnte die Vorstellung, wegen zufälligen Drogenbesitzes oder dem Ausspucken eines Kaugummis entweder das eigene Leben oder wertvolle Tage in Freiheit zu verlieren, dagegen leicht verschrecken. Zudem stellt sich die uralte Frage, ob man auf keinen Fall oder gerade in ein Land fahren sollte, in dem es weder demokratisch gewählte Regierungen noch Menschenrechte, Pressefreiheit oder andere zivilisatorische Grundtugenden gibt. Lassen Sie mich die beiden offiziellen Lehrmeinungen dazu referieren: Die eine lehnt Urlaub in solchen Staaten mit der Begründung ab, dass jeder Cent, den ein Tourist ausgibt, dem System nutzt und das System stützt. Die andere behauptet das Gegenteil. Reisende bringen demnach ein Stück Demokratie aus ihrem Land mit. Zumindest dann, wenn sie sich nicht wie Alex sämtlichen lokalen Gewohnheiten ergeben und den Einsatz für das eine oder andere Menschenrecht als Einmischung in fremde Angelegenheiten betrachten.

So gesehen hätte die Volksrepublik China längst ein durch und durch liebenswerter Staat sein können, ein Vorbild an Anständigkeit und Mitbestimmung. Wenn sie mich nur reingelassen hätten, die Chinesen. Aber anscheinend legten sie auf meinen Besuch genauso viel Wert wie auf das unzensierte Internet.

Es war Anfang des einundzwanzigsten Jahrhunderts und ich mit meiner Asien-Freundin zusammen. Damals stand unser erster gemeinsamer Urlaub an, und sie wollte (Überraschung!) nach Asien fahren. Wohin genau, war ihr egal. Und weil sie ahnte, dass ich es zwar mit thailändischem und chinesischem Essen hatte, nicht aber mit weiten Reisen, überließ sie mir die Entscheidung. Ich hatte zu der Zeit eine sehr starke Malariaphase, suchte mithilfe des Bernhard-Nocht-Instituts nach einer Reiseroute, die frei davon war, und stieß auf China. Hühnerfleisch süßsauer, B4 mit Cashewkernen, gebackene Banane, keine Malaria: »Da würde ich vielleicht mitfahren«, teilte ich meiner Asien-Freundin mit.

Sie war begeistert und hatte innerhalb weniger Stunden ein auf individuelle Chinareisen spezialisiertes Reisebüro gefunden, das uns eine abenteuerliche Tour verkaufte. Ich kann mich erinnern, dass es in Peking losgehen sollte und dass ich beim Durchlesen der Route Schüttelfrost bekam. Zumal ich wusste, dass die Chinesen ein leicht gestörtes Verhältnis zu Journalisten haben – und damit zu Menschen wie mir.

Wie gestört, sollte ich erfahren, als mich meine Asien-Freundin vier Wochen vor Reisebeginn ins chinesische Generalkonsulat an der Elbchaussee schickte. Mein Auftrag lautete: Visa besorgen. Dies sei eine Formsache, wie uns Herr Li oder Lu mitteilte, unser neuer Freund aus dem Reisebüro.

»Aber wir sind beide Journalisten«, hatte ich einzuwenden gewagt. »Und China ...«

»Sie haben ein völlig falsches Bild von unserem Land«, hatte Herr Li-Lu gesagt und mir den Restbetrag für die Reise von der Kreditkarte abgebucht.

Also betrat ich mitten in Hamburg zum ersten Mal in meinem Leben chinesischen Boden, füllte zwei Visumsanträge aus, schrieb in die Spalte Beruf »Angestellter« und bei Unternehmen »ASAG«. Ich hoffte, der Konsulatsmitarbeiter würde das mit ARAG verwechseln und nicht auf die Idee kommen, dass die Abkürzung für Axel Springer Aktiengesellschaft stehen könnte.

Als ich aufgerufen wurde, versuchte ich, locker zu wirken. Was ich leider nicht war. Ich hatte mich von der ersten Minute an unwohl und beobachtet gefühlt. Dabei ging es jetzt erst richtig los.

»Wofür steht ASAG?«, fragte mich der Herr, der offensichtlich meinen Antrag bearbeiten sollte.

Ich bekam Angst (was sonst?) und sagte ehrlich: »Für Axel Springer AG.«

»Was ist Axel Springer AG?«

Dies war eine erstaunliche Frage für jemanden, der in Hamburg lebt. Selbst für einen Chinesen.

»Ein Unternehmen.«

»Was für ein Unternehmen?«

»Ein Verlag.«

»Auch Zeitungen?«

»Auch Zeitungen.«

»Und Sie arbeiten dort?«

Nein, ich habe das aus Spaß auf euer dämliches Visumformular geschrieben.

»Ja, ich arbeite dort.«

»Als was?«

»Als eine Art Manager.« Wenn das mein Chef gewusst hätte.

»Für die Zeitung?« Er hatte mich.

»Ja.«

»Dann nehmen Sie dort hinten Platz.« Bitte? Kein bitte.

Wenig später wurde ich von einer Frau abgeholt, die mich an meine alte Lateinlehrerin erinnerte. Wir Schüler hatten sie »die, die niemals lacht« genannt. Sie führte mich ins Hauptgebäude, und ich fühlte mich wie ein Gefangener, der zum Verhör gebracht wird.

Meines dauerte gut zwanzig Minuten. Was ich in China wolle, ob mich die Zeitung schicke und wir über die Reise berichten würden, wie ich denn auf die Idee käme, so kurzfristig um ein Visum zu ersuchen. Anscheinend konnte sich die Chinesin nicht vorstellen, dass man in ihrer Heimat Urlaub machen wollte. Ich wollte weder sie noch den offenbar stummen Typen, den sie zusätzlich ins Zimmer gebeten hatte, enttäuschen. Nach der zwanzigsten Frage signalisierte ich, dass ich bereit wäre, auf eine Reise zu verzichten und China nicht mit meiner Anwesenheit und meinen Euro zu belästigen. Wir einigten uns schließlich darauf, dass ich, wenn überhaupt, ein Visum erst in zwei bis drei Monaten bekommen könne, also viel zu spät. Am Ende war ich froh, heil und ungefoltert aus dem Konsulat herauszukommen, und beschloss, Chinesen nie wieder um etwas zu bitten, nicht einmal um eine Extraportion Reis.

Zum Glück rückte Herr Li oder Lu, Mister »Mit-dem-Visum-wird-es-keine-Probleme-geben«, unser Geld wieder heraus. Ich hatte darauf aufmerksam gemacht, dass ich tatsächlich Journalist war und meine kleine Geschichte aus dem Generalkonsulat sich in der Zeitung vielleicht nicht gut machen könnte für sein Unternehmen. Es lebe die Pressefreiheit!

Nun wäre es unfair, allein die Chinesen ob ihres seltsamen Umgangs mit Touristen an den Fernreiseangsthasen-Pranger zu stellen. Dort könnte nämlich genauso gut jenes Land stehen, das sich gern als Gralshüter von Freiheit, Gleichheit und

Demokratie sieht. Ja, ich meine die USA und ihre übellaunigen, arroganten Grenzbeamten, die in jedem Dunkelhaarigen einen potenziellen Selbstmordattentäter sehen. Auf jeden Fall stellt keine Nation Einreisenden seltsamere Fragen, die unbedingt an dieser Stelle dokumentiert werden müssen – exklusiv mit den richtigen und den falschen Antworten! Here we go:

Haben Sie eine ansteckende Krankheit, eine körperliche oder geistige Behinderung, oder sind Sie drogenabhängig?

Falsch: Ja, ich habe aus meinem letzten Afrika-Urlaub ein bisher ungeklärtes, aber langsam abschwellendes Fieber mitgebracht, das sich weder mit Kokain noch mit den gängigen Designerdrogen kurieren lässt, die ich in den M&M-Schachteln in meinem Handgepäck versteckt habe. Möchten Sie probieren?

Richtig: Nein.

Sind Sie jemals aufgrund einer strafbaren Handlung, eines Sittenverbrechens oder wegen Gewaltanwendung in Zusammenhang mit Drogen verhaftet oder verurteilt worden oder verhaftet und aufgrund zweier oder mehrerer strafbarer Handlungen zu einer Haft von insgesamt fünf Jahren oder mehr verurteilt worden? Haben Sie jemals mit Drogen gehandelt? Reisen Sie zum Zweck krimineller oder sittenwidriger Handlungen ein?

Falsch: Ja, das sind aber viele Fragen auf einmal. Ich habe meiner Kollegin bei der letzten Weihnachtsfeier von hinten an den Busen gefasst, weil ich leicht angetrunken war (ich bin nicht alkoholabhängig!). Sie hat mich einen Sittenstrolch genannt und beim Betriebsrat gemeldet. Hat der mich verpfiffen? Oder wie kommen Sie auf die Sache mit den Sittenverbrechen? Da ich mit meiner neuen Freundin in die USA einreisen will, kann ich nicht ausschließen, dass wir uns an einem verlassenen Strand oder in der Umkleidekabine eines Kaufhauses unstandesgemäß betätigen. Gilt das bei Ihnen schon als Verbrechen? Oder reicht es, wenn wir schwören, entsprechende Videos nicht ins Internet zu stellen?

Richtig: Nein.

Waren Sie jemals oder sind Sie gegenwärtig an Spionage- oder Sabotageakten oder an Völkermord beteiligt? Waren Sie in irgendeiner Weise zwischen 1933 und 1945 an politischer Verfolgung in Zusammenhang mit dem Naziregime oder dessen Verbündeten beteiligt?

Falsch: Ja, so alt bin ich überhaupt nicht, was glauben Sie denn? Dass ich mit fast hundert Jahren in die USA will, nachdem ich den ganzen Wahnsinn in Deutschland überlebt habe? Ich muss aber gestehen, dass ich neulich mit meinem neuen Fernglas die Nachbarin gegenüber ausspioniert habe, weil ich sie im Verdacht hatte, mit dem Typen unter uns ein nichteheähnliches Verhältnis zu haben. Das müsste doch auch in Ihrem Interesse sein, oder (siehe Frage zwei)? Nach genauer Beobachtung stellte sich heraus, dass sie sich nur mit dem Nachbarn über uns vergnügt. Und der ist ja alleinstehend. Haben Sie Interesse an Fotos?

Richtig: Nein.

Beabsichtigen Sie, in den USA zu arbeiten? Ist Ihnen jemals die Einreise verweigert oder sind Sie deportiert oder zu einem früheren Zeitpunkt aus den Vereinigten Staaten ausgewiesen worden? Haben Sie jemals ein Visum oder eine Einreisegenehmigung in die USA durch falsche Angaben oder betrügerische Darstellungen erhalten oder dies versucht?

Falsch: Ja, ich wollte jetzt nicht direkt mein richtiges Geburtsalter angeben, weil ich mich bei meiner neuen Freundin ein paar Jahre jünger gemacht habe, als ich bin. Aber eines kann ich Ihnen versprechen: Arbeiten will ich bei Ihnen nicht! Ihr habt ja nicht einmal eine vernünftige Arbeitslosen- oder Rentenversicherung!

Richtig: Nein.

Haben Sie jemals einem US-Staatsbürger, dem das Sorgerecht für ein Kind zugesprochen wurde, dieses Sorgerecht vorenthalten oder verweigert?

Falsch: Ja, wollen Sie damit etwa andeuten, ich könnte mit der Amerikanerin, mit der ich während meines Studiums, na ..., Sie wissen schon? Die hat ein Kind von mir bekommen? Und ich dachte, die sei wegen der vielen Hamburger so dick geworden.

Richtig: Nein.

Ist Ihnen jemals ein US-Visum oder die Einreise in die USA verweigert oder ein US-Visum für ungültig erklärt worden?

Falsch: Ja, das wäre ja noch schöner, wo ich doch hier jede einzelne Frage so ehrlich, offen und genau wie möglich beantworte.

Richtig: Nein.

Haben Sie jemals Schutz vor Strafverfolgung beantragt?

Falsch: Ja, ich habe nicht eingesehen, damals die dreißig Euro für falsches Parken zu bezahlen, weil ich mit meinem Wagen nämlich in einer ganz normalen Parkbucht stand. Da habe ich natürlich Widerspruch bei den Strafverfolgungsbehörden eingelegt, oder wie Sie das bei sich nennen, und denen Fotos von meinem Auto geschickt. Wenn Sie wollen, kann ich das jederzeit beweisen. Zahlen musste ich am Ende übrigens nicht!

Richtig: Nein.

Beim Durchlesen der sieben Fragen stellen sich dem normal denkenden Reisenden mindestens ebenso viele: zum Beispiel, ob ein Terrorist wirklich zugeben würde, dass er ein Terrorist ist. Früher musste man das Formular im Flugzeug ausfüllen, heute daheim am Computer. Der entscheidet in Sekunden, ob eine Einreisegenehmigung erteilt wird, die jederzeit zurückgenommen werden kann, auch nach einem Zwölf-Stunden-Flug direkt am Flughafen. Das ist alles schon passiert, ausnahmsweise einmal nicht mir. Auf jeden Fall sollte man sich auf eine lange und nervige Einreiseprozedur einstellen, gern mit mehrfacher Befragung und Durchsuchung des Gepäcks.

Entscheidend dabei ist, immer die Wahrheit zu sagen. Das dachte sich auch ein bekannter deutscher Journalist. Der war nach Washington gefahren, um den Präsidenten der USA zu interviewen. Alle Achtung! Er hatte mehrere Monate auf das »Yes« und den Termin aus dem Weißen Haus gewartet. Als es endlich so weit sein sollte und er auf dem Flughafen Dulles International angekommen war, zögerte er einen Moment. Der Grenzbeamte hatte ihn gefragt, was er in den USA wolle, und unser Mann überlegte, einfach »Urlaub« zu sagen. Dann meldete er wahrheitsgemäß, dass er einen Termin im Oval Office habe ... Drei Stunden später durfte er den Flughafen verlassen ... Oder waren es fünf?

Alex fährt nicht mehr in die Vereinigten Staaten. Das liegt zum einen daran, dass ihm das Land trotz Immobilienkrise, hoher Arbeitslosigkeit und zunehmender Armut immer noch zu reich und zu zivilisiert ist. Zum anderen hat Alex ein Grenzproblem. Bei drei Einreisen wurde er drei Mal zum Extraverhör in einen Extraraum gebeten. Erst dachte er, dass das an den unzähligen Stempeln muslimischer Staaten in seinem Reisepass (dem vierten in zehn Jahren!) liegen musste. Doch es gab einen anderen Grund, von dem Alex bei seinem vorerst letzten Aufenthalt erfuhr. Der Computer sortierte ihn automatisch aus, weil sein Nachname (er beginnt mit M...) eine erschreckende Ähnlichkeit mit typischen Terroristen-Nachnamen hat, zumindest aus amerikanischer Sicht. Dazu kommt aus meiner Sicht das Palästinensertuch, das Alex auf seinen Reisen trägt wie ich meinen Ehering. Muslimischer Name, muslimische Reiseziele, muslimische Halsbedeckung: Die Kombination ist fatal, hatte aber – nun aus Alex' Sicht – auch etwas Gutes. Unser Backpacker durfte quasi von Amts wegen die amerikanischen Grenzposten mit seinen Reisegeschichten zutexten.

Die Jungs konnten einem leidtun.

## Schloss jetzt!

Fernreiseangsthasen sind an einen liberalen Rechtsstaat mit einer unabhängigen Gerichtsbarkeit und einer unbestechlichen Polizei gewöhnt. Leider ist das alles nicht überall auf unserem schönen Planeten selbstverständlich. Wenn man genau hinsieht, sind wir Deutsche eher eine Ausnahme als die Regel. Bei uns darf man ungeahndet Müll aus dem Auto schmeißen, in den USA und in Australien kostet das schnell einmal fünfhundert Euro. Bei uns darf jeder seine Meinung sagen, in Russland nur Wladimir Putin. Ja, bei uns wird selbst der Besitz von Drogen verhältnismäßig milde bestraft, ganz anders als in Singapur. Womit wir zur nächsten, toternsten Geschichte kommen.

Singapur, dieser mit bloßem Auge auf der Weltkarte kaum zu erkennende Staat, ist ein Phänomen. Einerseits steht er für freundliche, zuvorkommende Menschen (das Kabinenpersonal von Singapore Airlines hat mehr Titel für seinen Service gewonnen als der FC Bayern München, der FC Barcelona und Real Madrid zusammen), für saubere Straßen, für Reichtum und Weltoffenheit. Andererseits drohen Einheimischen wie Touristen bei winzigsten Vergehen schwere Strafen. Das Ausspucken von Kaugummis etwa wird in Singapur so geahndet wie bei uns ein Banküberfall, über den Besitz von Drogen müssen wir gar nicht reden. Der kann im schlimmsten Fall erst zum Ende des Urlaubs, dann zu jenem des Lebens führen. Beides ist äußerst unerfreulich, selbst wenn man eine Reiseabbruchversicherung abgeschlossen haben sollte.

Dementsprechend aufgewühlt war ich, als meine Frau vorschlug, ihren in Singapur arbeitenden Bruder zu besuchen. Wie konnte ich Urlaub in einem Land machen, das 1992 allen Ernstes Kaugummis verboten hatte? Gut, 2004 war das entsprechende Gesetz für all jene gelockert worden, die sich das Rauchen abgewöhnen wollen oder unter Mundgeruch leiden. Aber vorzeigen muss man seinen Ausweis beim Kauf eines Pfefferminz-Streifens immer noch. Ich stellte mir vor, wie ich an der Supermarktkasse stehe, die Packung Atemfrisch zuckerfrei in der einen, den Reisepass in der anderen Hand: Da ist er, der Schwerverbrecher mit Maulmuff!

Richtig schlecht wurde mir, als ich im Internet las, dass es in Singapur zu Fällen gekommen sei, »in denen Touristen Drogen untergejubelt wurden«. Auf der Seite wurde eifrig diskutiert, wie man sich in so einem Fall verhalten solle. Ruhig bleiben? Zur Polizei gehen? Guter Vorschlag in einem Land, in dem – ich zitiere erneut – »der Handel, die Herstellung, die Einfuhr oder Ausfuhr illegaler Drogen mit dem Tod durch Erhängen bestraft wird«. Das waren schöne Aussichten.

Ich bat meine Frau, sich vorzustellen, wie wir vor dem Grenzbeamten stehen, er erst uns, dann unsere Koffer untersucht und plötzlich zwischen ihren Schlüpfern und meinen Socken ein Päckchen reinstes Haschisch findet. Unauffällig zugesteckt beim Check-in, bei der Gepäckverladung, wo auch immer. Wenn ich dann noch im Flugzeug in ein Kaugummi getreten wäre ... Nicht auszudenken!

Ich hatte gehofft, diese und mehrere wirklich geschehene Geschichten aus dem Internet (»Ihr unbedachter Umgang mit Drogen hätte der Deutschen Julia B. fast den qualvollen Tod am

Galgen eingebracht.«) würden meine Frau beeindrucken. Das taten sie aber nicht. Im Gegenteil: Ihr Bruder behauptete, es sei alles nicht so schlimm, wir sollten uns keine Sorgen machen. Er hätte zwar bei seiner ersten Reise nach Singapur sämtliche Taschen und Reißverschlüsse mit kleinen Vorhängeschlössern gesichert, aber das wäre übertrieben gewesen. Wie beruhigend.

Ich kaufte zehn Stück in verschiedenen Größen. Ich versiegelte selbst die kleinste Seitentasche, und es war mir egal, dass die Menschen am Flughafen blöde gucken würden, wenn ich mit drei Schlössern am Rucksack zum Boarding gehen würde. Als es so weit war, hatte ich nur Augen für unsere Gepäckstücke, unsere Jacken, unsere Schuhe. Immer und immer wieder kontrollierte ich Schlösser und Reißverschlüsse, Löcher und mögliche Verstecke. Nach der Landung in Singapur befahl ich meiner Frau, jede Öffnung ein weiteres Mal auf verdächtige Gegenstände abzusuchen, räumte den Rucksack aus und ein und wieder aus. Erst danach wagten wir uns zur Grenzkontrolle, eingestellt auf eine stundenlange Prozedur und eiskalte Beamte. Zitternd hielt ich sämtliche zehn Schlüssel für meine Anti-Drogen-Schlösser in der Hand.

Und dann? Dann gab es nicht einmal eine Warteschlange an den Schaltern. Der Mann, der uns abfertigte, war viermal freundlicher als der durchschnittliche deutsche Zollbedienstete. Nach zwei Minuten waren wir drin, mitten in Singapur, und erst im Hotel gestand mir meine Frau, dass sie für ihren Bruder eine Stange Kaugummis an den Kontrollen vorbeigeschmuggelt hatte. Mutprobenmäßig kauten wir jeder einen Streifen, während wir durch aufgeräumte Straßen und zweimal bei Rot über die Ampel liefen. Okay, ich gebe zu, dass ich mich vorher nach Polizisten umgesehen hatte.

Aber nicht einmal die waren da.

Nach einer Woche erklärte ich Singapur zum Hot Spot für Fernreiseangsthasen. Die Kaugummi-Drogen-Legislative hat nämlich ihr Gutes. Wahrscheinlich gibt es keinen anderen asiatischen Staat, in dem sich Touristen so sicher fühlen können. Selbst die Taxifahrer schalten das Taxameter freiwillig an, wobei ich zugeben muss, dass es in Singapur sehr, sehr lange dauern kann, bis man ein Taxi gefunden hat. Etwa genauso lange braucht man, um einen Polizisten zu treffen, was wir an dieser Stelle als gutes Zeichen werten wollen. Offenbar gibt es nicht viel zu tun.

Das ist in Mexiko anders. Angesichts der erwähnten Warnungen des Auswärtigen Amtes konnten Sie sich das sicher schon denken. Eigentlich müsste man meinen, dass die Polizisten dort genug Arbeit hätten. Doch neben der Jagd nach Drogenbaronen bleibt den tapferen Herren genügend Zeit, dem einen oder anderen Touristen nachzustellen. In nachfolgendem Fall handelt es sich um unseren Alex. Der fuhr in einem Mietwagen mit einem anderen Rucksack-Fetischisten von Mexiko-City ins Landesinnere. Die beiden waren unter Zeitdruck, es galt, fünf »Lonely-Planet«-Sehenswürdigkeiten abzuhaken. Sie bemerkten den Polizeiwagen erst, als er sie mit Vollgas überholte und brutal ausbremste. Kontrolle. Die Beamten kauten Kaugummi – was in Singapur zur sofortigen Suspendierung geführt hätte –, gingen einmal um das Backpackers-Auto herum und forderten ein Strafgeld von fünfhundert Dollar.

»Wofür das denn?«, will Alex auf Spanisch gefragt haben.

»Weil ihr in der falschen Richtung unterwegs seid.«

»Wir sind was?«, fragte Alex.

»Lies es von meinen Lippen ab: falsche Richtung. Nach Mexiko-City dürft ihr fahren, hier lang nicht. Das macht fünfhundert Dollar«, sagte einer der Beamten.

Alex behauptet, an dieser Stelle einen Aufstand gemacht zu haben, der sich – wenn überhaupt – nur mit den Protesten gegen Stuttgart 21 vergleichen ließe. Allein, sein Gepöbel, Geschreie und Gefuchtel blieb ohne Wirkung. Als er so nach fünf bis zehn Minuten fertig war, unterbrach der andere Beamte das Kaugummikauen und sah ihm ungerührt in die Augen: »Alles schön und gut, mein Freund. Aber was wäre, wenn wir deinen Kofferraum aufmachten und dort ein Päckchen mit Drogen fänden?« Gleichzeitig zog er eine Tüte mit weißem Inhalt aus der Hosentasche, den nur ein komplett an das Gute im Menschen glaubender Fernreiseangsthase für Backpulver gehalten hätte.

Das war der Moment, in dem sich Weltreise-Alex zum ersten Mal in seinem Leben geschlagen geben musste. Er habe die Beamten zwar auf dreihundert Dollar herunterhandeln können (so viel hatten er und sein Backpacker-Kollege in bar dabei), mehr aber nicht.

Bin ich froh, dass wir nicht in Mexiko Urlaub gemacht haben.

# Das Wetter

Eine Angst eint alle deutschen Urlauber, selbst Alex kann sich von ihr nicht frei machen. Es ist die Angst vor schlechtem Wetter, davor, dass nur einer der kostbaren Urlaubstage dunkel, kalt und regnerisch oder gleich alles zusammen wird. Sie kann zur Panik werden, wenn die verbleibenden Sonnenstrahlen nicht ausreichen, um der Haut einen Braunton zu geben, der auch den letzten Kollegen zu Hause rot vor Neid werden lässt. »Bist du braun« oder »Du bist ja unverschämt braun geworden« ist die höchste Belohnung, die man nach einem Urlaub bekommen kann. »Besonders braun bist du aber nicht!« ist hingegen die Reaktion, die es zu verhindern gilt. Was bringt die schönste Reise, wenn sie uns nicht anzusehen ist?

Die Angst vor schlechtem Wetter muss auch deshalb ernst genommen werden, weil sie sich für jeden fünften deutschen Urlauber bewahrheitet. Denn genau so viele Reisende beklagen laut Umfragen, dass das Klima an ihrem Urlaubsort nicht so war, wie sie es erwartet hatten. Ich gehöre nicht dazu. Ich bin mir nicht einmal sicher, dass gutes Wetter wirklich gut ist. Schadet zu viel Sonne nicht unserer Haut? Reicht Lichtschutzfaktor dreißig bis vierzig angesichts des Ozonlochs wirklich aus? Müssten nicht alle dunklen Leberflecken mit Pflaster abgeklebt werden? Und wann war ich eigentlich zuletzt beim Hautarzt?

Ich gestehe, dass ich eine veritable Angst vor Sonnenbrand und dessen möglichen Langfristfolgen entwickelt habe, wodurch sich meine Bewertung des Urlaubswetters grundlegend verändert hat. Ist es gut, ist es gut, ist es schlecht, ist es gut für die Haut. Die Hoffnung, einmal so braun aus dem Urlaub zu kommen, dass es nur einer meiner Kollegen oder Freunde bemerkt, habe ich mir im wahrsten Sinne des Wortes abgeschminkt. Ich verbrauche an einem durchschnittlichen Strandtag eine halbe Tube Sonnencreme, um dann doch die meiste Zeit unter dem Sonnenschirm zu liegen.

Frauen sind nach meiner Erfahrung weniger vorsichtig, wenn es darum geht, die eigene Haut zu retten. Meine Asien-Freundin hat sich auf einer Nil-Kreuzfahrt einmal komplett ungeschützt bei dreißig Grad in die heiße Sonne gelegt. Wo doch jeder weiß, dass in Ägypten und auf dem Wasser und wenn man kaum etwas trinkt ... Sie bekam zwar keinen Sonnenbrand, klappte aber am Abend von eben auf jetzt zusammen und konnte sich zwei Tage nicht aus dem Bett bewegen. Von einem Sonnenstich wollte sie nichts wissen, zumal der Schiffskapitän geheimnisvoll von der »ägyptischen Krankheit« und einem speziellen ägyptischen Mittel sprach, das allein dagegen helfen könne. Als es im nächsten Hafen besorgt wurde, stellte es sich als Medikament eines europäischen Pharmaunternehmens heraus. Gegen die Folgen eines Sonnenstichs, wogegen auch sonst.

Meiner Amerika-Freundin konnte es dagegen auf unserer Tour durch die Südstaaten nicht warm genug sein. Tatsächlich war das Wetter an jenem Tag, um den es nun gehen wird, nicht besser gewesen als im Spätsommer in Deutschland. Aber um die zwanzig Grad hatte es in den Abendstunden schon.

Das war meiner Amerika-Freundin entschieden zu kalt.

Als wir kurz nach Einbruch der Dämmerung in unser Motel kamen, verschwand sie sofort unter der natürlich viel zu dünnen Bettdecke. Ich setzte mich auf den Stuhl daneben und wunderte mich einmal mehr über das gestörte weibliche Temperaturempfinden. Vielleicht ist das der Grund, dass Frauen viel, viel länger in der Sonne liegen können als Männer. Sie spüren die Hitze einfach nicht, weder in Ägypten noch in den Südstaaten.

Meiner Amerika-Freundin wurde und wurde dort unten auf jeden Fall nicht warm. Als sie es nicht mehr aushielt, bibberte sie:

»Kannst du bitte die Heizung anmachen?«

Die Heizung anmachen? In den SÜDstaaten? Bei einer Außentemperatur im angenehmen zweistelligen Bereich?

»Das ist jetzt nicht dein Ernst«, sagte ich.

»Doch«, sagte sie. »Heizung an, schnell!«

Ich stöhnte, stand auf und drehte mich reflexartig zum Fenster, unter dem in jeder guten deutschen Wohnung eine Heizung gewesen wäre. Hier war (Überraschung!) keine.

»Wir haben keine Heizung«, sagte ich und versuchte, dabei so lustig zu klingen wie dieser »Isch-habe-gar-kein-Auto«-Typ aus der Werbung.

»Natürlich haben wir eine. Die Klimaanlage, du Trottel. Die muss man auch warm stellen können.«

Ich ging langsam auf den mächtigen Kasten zu, der bei einer Temperatur von sechzehn Grad eingerastet zu sein schien. Ich konnte den Schalter nur mit großer Mühe verstellen. Offenbar hatte seit Jahren niemand probiert, die Klimaanlage als Heizung zu benutzen.

Immerhin: Es wurde warm, wenn auch langsam. Viel schneller stieg dafür ein seltsamer Geruch empor und schließlich immer dichter werdender Rauch.

»Was ist das denn?«, fragte ich meine Amerika-Freundin,

die die neue Raumtemperatur mit geschlossenen Augen genoss und von den Nebelschwaden im Zimmer bisher nichts bemerkt hatte.

»Lass mich ...« Was sie danach sagte, ging im Heulen eines Feuermelders unter, der dankenswerterweise nicht nur direkt über der Klimaanlage angebracht worden war, sondern ansprang, als hätte er jahrelang auf diesen Moment gewartet. Wenigstens gab es keine Sprinkleranlage.

»Wir haben den Feueralarm ausgelöst mit deiner blöden Heizung«, schrie ich durch den Lärm zu meiner Amerika-Freundin hinüber.

Kurz darauf klingelte das Telefon. Der Alarm war an die Rezeption gemeldet worden. Als der Mitarbeiter wissen wollte, was wir getan hätten, gab ich den Hörer an meine Amerika-Freundin weiter.

»We turned on the heat«, sagte die, als sei das im Sommer in den Südstaaten das Normalste der Welt.

»You turned on what?«, brüllte der Rezeptionist zurück, und ich befürchtete, er würde jeden Moment in Ohnmacht fallen. Wenigstens gelang es ihm vorher noch, meine Amerika-Freundin zu überreden, die Klimaanlage auszuschalten. Richtig warm ist sie mit dem Motel nicht mehr geworden.

Was lernen wir daraus? Vor allem, dass das Wetter auf Reisen immer für Überraschungen gut ist, wogegen wir Deutschen zum Glück ja das effektivste Mittel erfunden haben. Schließlich gibt es kein falsches Wetter, sondern nur falsche Kleidung. Womit wir beim nächsten Problem wären, das Frauen aus ihrem normalen Alltag hinlänglich kennen. Es kanalisiert sich in zwei Fragen: »Was sollen wir nur anziehen?« ist die erste, »Was sollen wir nur mitnehmen?« die zweite. Der Deutsche, insbesondere der vorsichtige, weiß, dass er für jede

Situation gerüstet sein muss, was das Kofferpacken nicht gerade leichter macht. Meiner Frau habe ich zu Weihnachten ein praktisches Regencape geschenkt, das sie auf das Format einer Briefmarke zusammenfalten kann, dazu einen winzigen Regenschirm. Wir nehmen immer genauso viele kurze wie lange Hosen mit, Hemden und Polo-Shirts, dicke und dünne Jacken, Pullover und Pullunder, eine Auswahl an Woll- und anderen Socken, zehn Paar Schuhe, Unterwäsche für jeden Tag, Pyjamas für jede Woche, Badelatschen! Die Hälfte davon bringen wir in der Regel unbenutzt wieder mit zurück. Aber weiß man das denn vorher?

Will man riskieren, dass man nicht die richtige Kleidung mithat? So teuer ist Übergepäck nun auch wieder nicht ... Und wer kann von sich behaupten, eine ungetragene Jeans zu haben, die schon auf jedem Kontinent war?

# Reisen, ja bitte!

# Die sichersten und unsichersten Reiseländer der Welt

Natürlich kann nur ein echter Fernreiseangsthase beurteilen, welches Reiseland sicher ist. Und natürlich kann man nur an Alex' Urlaubsverhalten ablesen, wo wirklich Gefahr droht. Dennoch versuchen sich auch andere an einer Einordnung. So hat das US-amerikanische Reisemagazin »Forbes Traveler« mittels verschiedener Statistiken und Studien, die sich unter anderem mit Kriminalitätsraten, Naturkatastrophen, Lebensqualität etc. beschäftigen, die zehn sichersten Reiseländer der Welt zusammengestellt. Und ich muss zugeben: Ich hätte es nicht viel besser machen können, die Übereinstimmungen mit den folgenden Seiten sind so erstaunlich wie überzeugend.

Hier kommen die Top Ten:

---

*Irland:* Siehe unten.
*Island:* Siehe unten.
*Schweiz:* Hier liegen drei der fünf sichersten Städte der Welt: Genf, Zürich und Bern. Die ideale Destination für amerikanische Fernreiseangsthasen.
*Zypern:* Schnell erreichbar, gutes Wetter.
*Bhutan:* Siehe unten.
*Mauritius:* Siehe unten.
*Dubai:* Siehe unten.

*ABC-Inseln/Karibik:* Siehe unten.
*Singapur:* Siehe unten.
*Neuseeland:* Siehe unten.

Acht Treffer und die Erkenntnis, dass es europäische Fernreiseangsthasen auch deshalb schwer haben, weil andere Kontinente viel unsicherer sind. Von der Schweiz aus gesehen stellt beispielsweise nahezu jeder Urlaub ein Risiko dar. Wie gut haben es da die Menschen im Irak oder in der Elfenbeinküste. Sie müssen praktisch vor keinem Land der Welt mehr Angst haben als vor dem eigenen, von Somalia einmal abgesehen. Das gilt mit seinen Warlords laut »Forbes« nämlich als das mit Abstand gefährlichstes Reiseziel und steht deshalb auf Alex' offener Liste ganz weit oben. Die meisten anderen des fünfzehn Staaten umfassenden Negativ-Rankings kennt er dagegen bereits. Nigeria, Georgien, Algerien, Haiti, Irak, Sudan, Elfenbeinküste, Jemen, Afghanistan, Sri Lanka, Gazastreifen, Pakistan, Kongo, Simbabwe. »Neun Treffer«, sagte Alex, als ich ihm die Namen vorlas, und dass Sri Lanka ja nun völlig ungefährlich sei: »Da warst doch sogar du schon, oder?«

Das würde mir heute nicht mehr passieren.

## Der einfachste Weg auf einen anderen Kontinent

Theoretisch braucht ein deutscher Fernreiseangsthase nur zwei bis drei Flugstunden, um nach Istanbul und damit nach Asien zu kommen. Die Stadt hat sowohl einen europäischen als auch einen asiatischen Teil, und wenn bei unserer Testreise alles normal gelaufen wäre, würden Sie an dieser Stelle ausschließlich über die Hagia Sophia, die Blaue Moschee, den Grand Bazaar und den Topkapi-Palast lesen. Und natürlich über die Fahrt den Bosporus entlang, von einem Erdteil zum anderen.

Doch ausgerechnet nachdem meine Frau und ich den »einfachsten Weg auf einen anderen Kontinent« für Sie, liebe Leserinnen und Leser, erkundet hatten, lief nichts mehr normal. Zurück von Istanbul nach Hamburg brauchten wir fast so lange wie von Hamburg nach Neuseeland, nämlich vierundzwanzig Stunden. Sie verstehen sicher, dass ich Ihnen das erzählen muss.

Um kurz nach dreizehn Uhr Istanbuler Zeit (zwölf Uhr in Deutschland) hatte uns der weiter oben beschriebene Fahrer vom Hotel in der Altstadt abgeholt und in Weltrekordzeit zum Flughafen gebracht. Was so unnötig war wie für Frauen das Tragen eines Kopftuchs in der Millionen-Metropole, weil unser Flugzeug angesichts des Wintereinbruchs in Deutschland mehrere Stunden Verspätung hatte. Erst gegen neunzehn Uhr hoben wir gen München ab, wo wir immerhin rechtzeitig landeten, um unseren Weiterflug nach Hamburg zu bekommen. Wenn es den denn gegeben hätte ... Der Start verschob sich von einundzwanzig Uhr zwanzig auf dreiundzwanzig Uhr, von dreiundzwanzig Uhr auf dreiundzwanzig Uhr fünfzehn, von dreiundzwanzig Uhr fünfzehn auf dreiundzwanzig Uhr vierzig. Das gab uns die Möglichkeit, Mitleid mit den Tausenden anderer Passagiere zu zeigen, deren Flüge längst gestrichen worden waren. Wir schienen die letzten zu sein, die an diesem denkwürdigen Abend den Flughafen verlassen würden. Als meine Frau und ich kurz vor Mitternacht die Lufthansa-Maschine bestiegen, glaubte ich wirklich daran. Zumindest so lange, bis die Pilotin uns bat, das Flugzeug wieder zu verlassen, weil es nun auch in Hamburg zu schneien angefangen und man deshalb keine Landeerlaubnis erhalten habe.

Der Rest ist schnell erzählt. Im Umfeld des Flughafens gab es keine freien Hotelzimmer mehr. Die Feuerwehr und der Malteser Hilfsdienst stellten Feldbetten im Terminal auf, wo wir bis kurz vor vier Uhr zusammen mit fünfhundert anderen Gestrandeten die Nacht verbrachten. Um vier Uhr vierundzwanzig ging es dann mit der S-Bahn zum Hauptbahnhof, wo wir gerade noch den ICE nach Hamburg erreichten. Keine sieben Stunden später waren wir endlich zurück aus Istanbul, und das Einzige, was meine Frau mich fragen konnte, bevor wir nach einem Tag und einer Nacht ohne Schlaf ins Bett fielen, war: »Willst du das Kapitel wirklich ›Der einfachste Weg auf einen anderen Kontinent‹ nennen?«

Ja, ich will, wobei ich nachahmenden Fernreiseangsthasen raten würde, einen Direktflug von München nach Istanbul zu buchen. Sind Sie erst einmal da, trennen Sie von Asien nicht einmal mehr fünfundachtzig Cents. So viel kostet umgerechnet die Schifffahrt von einem Kontinent zum anderen. Billiger schafft das selbst Alex nicht.

## Kurz und schmerzlos

»If I can make it there, I'm gonna make it anywhere«: Mag sein, dass New York City einmal die schnellste und härteste Stadt der Welt war, in der nur echte Männer wie Alex überleben konnten. Aber das ist lange her. Nicht dass New York weniger bunt geworden wäre, nicht dass die City nachts schlafen würde. Doch verglichen mit anderen Mega-Metropolen ist Downtown Manhattan heute sauber, sicher und ruhig. So ruhig, dass meine Frau und ich es bei unserem letzten Besuch wagten, mit dem Mietwagen direkt über den Broadway in ein Parkhaus zu fahren. Auch das kann man inzwischen in New York problemlos tun, und zwar für lächerliche zwanzig Dollar am Tag. Vor ein paar Jahren wäre das der Preis für eine Stunde gewesen ...

Früher konnte ich nicht verstehen, dass es Menschen gibt, die für ein verlängertes Wochenende nach New York fliegen. Heute würde ich das selbst Fernreiseangsthasen empfehlen. Der Flug dauert gut acht Stunden und kostet mit etwas Glück nicht einmal dreihundert Euro, lediglich die Einreiseprozedur am Flughafen bleibt nervig. Wer drin ist, erlebt dafür einen Staat im Staat. New York hat mit Amerika etwa so viel zu tun wie »Deutschland sucht den Superstar« mit Hochkultur, aber genau das macht es aus. Die Stadt ist und bleibt ein einmaliges Reiseziel, mit dem sich jede noch so langweilige Urlaubsstatistik aufpimpen lässt. Probieren Sie aus: Föhr, Bornholm, New York. Die Kombi hat selbst Alex imponiert.

Obwohl angesagt, funktioniert das mit Dubai nicht genauso gut. Dennoch ist das Emirat ein passabler Starter für Fernreiseangsthasen, eine schöne Vorspeise vor dem ersten großen Trip. Schneller erreichbar als New York (Flugzeit etwa sechs Stunden), Mega-City plus Orient plus Asien: Die Mischung hat viele Vor- und wenige Nachteile, wenn man die üblichen, gerade für Frauen unerfreulichen Besonderheiten islamisch geprägter Länder außer Acht lässt.

Der Flughafen ist in den vergangenen Jahren zu einem der wichtigsten Knotenpunkte der Welt und dementsprechend ein Spiegelbild derselben geworden. Nirgendwo sonst habe ich in so kurzer Zeit und auf so kleinem Raum so viele Menschen unterschiedlicher Herkunft gesehen. Bei meiner ersten Zwischenlandung kam mir das Terminal wie die Arche Noah vor. Schwarzafrikaner mit riesigen Plastiktüten warteten neben europäischen Geschäftsleuten mit Laptops, arabischen Scheichs und fotografierenden Japanern auf ihre Weiterflüge. Das Gewirr der Stimmen war babylonisch, die Vielfalt der Gerüche im wahrsten Sinne des Wortes atemberaubend und ich ein wenig enttäuscht, als wir weitermussten.

Dubai ist vor allem für jene Fernreiseangsthasen interessant, die Bammel vor sehr langen Flügen haben. Ein Trip nach Thailand, Hongkong oder Singapur lässt sich durch einen Zwischenstopp auf dem Dubai International Airport in zwei verträgliche, jeweils sechs Stunden dauernde Dosen aufteilen. Was will man mehr?

## Nordamerika light

Wenn es zwei Regionen in den USA gibt, die man Fernreiseangsthasen empfehlen kann, dann sind das New England sowie Florida – und zwar in dieser Reihenfolge. Das neue England ist, der Name verrät es, der Teil der Vereinigten Staaten, der Europa am ähnlichsten ist. Im sogenannten Indian Summer, wenn der Herbst die Landschaft in wundervolle Rottöne taucht, trifft man hier an jeder Ecke deutsche Touristen. Sie fahren mit Tempomat im Automatik-Mietwagen von einem Bed & Breakfast zum nächsten und genießen die intakte amerikanische Gastfreundschaft. Die führt so weit, dass einige der Unterkünfte niemals abgeschlossen werden und man als Reisender die Möglichkeit hat, sich selbst eines der Zimmer auszusuchen.

Ein Fernreiseangsthasen-Traum, knapp gefolgt von Florida, das eben auch deswegen ein (deutsches) Rentnerparadies geworden ist, weil es sich dort sehr gut leben und reisen lässt, von gelegentlichen Hurrikans im Herbst einmal abgesehen. Aber selbst die können auf den Keys vor Miami zum Erlebnis werden, wenn Supermärkte innerhalb weniger Stunden leer gekauft und Häuser blitzschnell verbarrikadiert werden. Für die Menschen in Florida ist das dieselbe Routine wie für die Kölner der Karneval. Das gemeinsame Motto lautet: »Et hätt noch immer jot jejange.« Der einzige Nachteil: Bestimmte Teile Floridas wirken ob der überproportional vertretenen Pensionisten wie ein gestrandetes Kreuzfahrtschiff.

Kanada schließlich gehört in die Reihe jener Länder, in denen die Welt wirklich in Ordnung ist: gigantische Stücke Natur, unendliche Weiten, hier und da mal ein Mensch, aber selten eine Gefahr. Von der wunderbaren Unberührtheit erdrückt oder gelangweilt zu werden, ist beinahe das Einzige, was Kanada als Risiko für den Urlauber bereithält.

Wobei niemand denken sollte, dass das Land nicht auch anders kann. Bestes Beispiel sind die berühmten Niagara-Fälle, die auf den Postkarten dieser Welt aussehen, als würden sie einer unerschlossenen, niemals zu beherrschenden Wildnis entspringen. Tatsächlich sind sie – ausgerechnet auf der kanadischen Seite – der Beginn eines nicht enden wollenden Freizeitparks, in dem es blinkt und flimmert, als habe man Las Vegas nachgebaut. Trotzdem fahren die meisten Besucher nach Kanada (und nehmen damit gegebenenfalls die nervige Rückreiseprozedur in die USA auf sich), weil sich von dieser Seite von den Wasserfällen die besseren Fotos machen lassen. Hier hat man die großen Hotels und andere Bausünden, die sich direkt an das Naturdenkmal anschließen, in seinem Rücken – und nicht direkt vor der Linse.

Soll heißen: Sie können nach Kanada fahren. Aber Sie müssen nicht unbedingt die Niagara-Fälle gesehen haben.

Disneyland tut's auch.

# Nordamerika für Fortgeschrittene

Deutlich anspruchsvoller als Florida und New England ist eine Reise durch die Südstaaten der USA, die nur fortgeschrittene Fernreiseangsthasen unternehmen sollten. Das betrifft vor allem zwei der wichtigsten Orte, Memphis und New Orleans. Nun werde ich als bekennender Elvis-Presley-Fan kaum von einem Besuch Memphis' und Gracelands abraten. Die Tour durch das Wohnhaus des King gehört zu meinen schönsten Amerika-Erinnerungen, auch wenn ich bis heute nicht verstehe, warum man die hundert Meter vom Kassenhäuschen bis zum Eingang nicht zu Fuß zurücklegen durfte, sondern einen Bus (Fahrzeit: sechzig Sekunden) benutzen musste.

Nein, das Problem in Memphis war ein anderes, und es stellte sich ein, als meine Amerika-Freundin und ich nach der berühmten Beale Street, der Heimat des Blues, das Lorraine Motel besuchen wollten. Dort wurde Martin Luther King am 4. April 1968 um achtzehn Uhr eins auf dem Balkon erschossen, bis zu dem wir zu Fuß nur wenige Minuten gebraucht hätten. Doch wir konnten nicht gehen. Wahrscheinlich wirkte die Gegend so unheimlich, weil wir bereits an die Ereignisse um King dachten, vielleicht war uns auch noch das seltsame Frühstück in Erinnerung. Das hatten wir in einem Fastfood-Restaurant in der Nähe unseres Motels einnehmen wollen. Wir hatten uns nichts dabei gedacht, dass wir die einzigen weißen Gäste in der Schlange vor den Kassen waren, hinter denen wiederum ausschließlich farbige Mitarbeiter die Bestellungen entgegennahmen. Schon diese Formulierungen dürften politisch nicht korrekt sein, aber das waren die Amerikaner uns gegenüber auch nicht. Wir erhielten nichts von dem, was wir bestellten, immer mit der Begründung, dieses oder jenes sei ausverkauft. Cola? »Out.« Coffee? »Out.« Pommes? »Out.« Wäre ich mutig gewesen, hätte ich »Ich sehe schwarz, dass wir hier etwas zu essen bekommen« gemurmelt.

Aber ich war und bin nicht mutig, und das Erlebnis hielt, wie der leere Magen, bis zum Nachmittag vor. Wir konnten die paar Schritte von der Beale Street zum Lorraine Motel nicht gehen, nahmen ein Taxi und waren froh, als wir aus dieser Ecke der Stadt heraus waren, die etwas schwer zu beschreibendes Bedrohliches hat.

Besser beschreiben lässt sich da die Gefahr, die von New Orleans ausgeht. Ich würde deshalb allen Fernreiseangsthasen raten, diese Stadt bei einem Südstaaten-Trip auszulassen. New Orleans taucht in der Rangliste der gefährlichsten Metropolen der Welt regelmäßig hinter der einen oder anderen mexikanischen Adresse auf. Selbst die Friedhöfe kann man dort nur mit bewaffneten(!) Führern besuchen. Das muss ja nicht sein.

Dann fahren Sie lieber ins beschauliche Nashville. Da ist schließlich auch (Country-)Musik drin.

# Asien light

Alex sagt, dass Singapur so viel mit Asien zu tun hat wie Hamburg mit dem Regenwald. Das stimmt, und deshalb ist der winzige Tiger-Staat mit dem gleichnamigen Bier der ideale Einstieg in den Kontinent. Das beginnt mit der sehr zu empfehlenden Anreise via Singapore Airlines und endet in China Town, dem wahrscheinlich aufgeräumtesten Stadtteil chinesischer Auswanderer, den es auf dieser Welt gibt. In Singapur findet man alles, was Asien aus- und bewundernswert macht, in der Light-Variante. Die Garküchen sind sauberer, die Straßen sind nicht ganz so voll, und das Leben ist nicht ganz so quirlig wie in den anderen Metropolen des Kontinents. Das Einzige, was die Singapurer nicht in den Griff bekommen (wie auch?) ist das Klima: Wer aus dem Changi International Airport – natürlich einem der besten Flughäfen der Welt – das erste Mal an die Luft kommt, wird das Adjektiv »frisch« in diesem Zusammenhang so schnell nicht mehr gebrauchen. Es fühlt sich an, als müsse man eine weitere Tür zur Seite schieben, als wäre es dringend an der Zeit, dass mal jemand ein Fenster aufmacht. Aber es gibt kein Fenster, und wenn, dann käme niemand auf die Idee, es zu öffnen. Die Fenster der Einheimischen sind ihre Klimaanlagen, und diese stehen – um wieder zu den schönen Seiten zu kommen – in wunderbaren Hotels. Keine Frage: So gut wie hier kann man kaum irgendwo sonst wohnen.

Vielleicht tut man dies in Hongkong, das nicht nur Tipp zwei für den Asieneinstieg, sondern nach wie vor der einzige Teil Chinas ist, den man als Deutscher ohne Visum besuchen kann. Die Jahrzehnte dauernde Trennung vom heutigen Mutterland hat der Stadt gutgetan, in der mit Cathay Pacific eine der angesehensten Fluggesellschaften der Welt ihren Hauptsitz hat. Hongkong ist quirliger, lauter und größer als Singapur. Der Stadtteil Kowloon war einmal der am dichtesten bevölkerte Ort der Erde, und das merkt man heute noch. Je weiter man vom Hafen ins Innere der Stadt vordringt, desto ehrlicher wird sie (um es mit Alex' Worten zu sagen), desto mehr hat sie von dem, was Asien ausmacht. Hongkong verbindet auf eine faszinierende und für Fernreiseangsthasen leicht erfahrbare Weise asiatischen Fortschritt mit asiatischer Tradition.

Wobei erfahrbar dabei nicht wörtlich gemeint ist. Denn nachdem man mit dem ultramodernen Airport Express (warum kann sich eigentlich eine Stadt wie Hamburg so etwas nicht leisten?) vom Flughafen in die City gebraust ist, kommt man ganz gut zu Fuß zurecht. Einziges Beförderungsmittel, auf das man nicht verzichten kann, sind die legendären Schiffe der Star Ferry Company, die von einer Seite des Hafens auf die andere fahren. Dorthin muss man mindestens einmal schippern, um von Hongkongs Hausberg aus, dem The Peak, einen Blick auf die vielleicht schönste Skyline der Welt zu werfen. Wir haben mehr als einhundert Fotos gemacht, bei allerbestem Wetter, uns über unser erstklassiges Hotel inmitten der Stadt (The Langham) gefreut, in das wir um sechs Uhr morgens einchecken durften, und waren traurig wie selten, als wir am letzten Abend auf den Zubringerbus zum Airport Express warteten. Um die Nachteile Hongkongs noch einmal auf den Punkt zu bringen: Es gibt keine.

# Asien zum Angeben

Singapur und Hongkong sind ideale Ausgangspunkte, um Asien kennenzulernen, und die dort beheimateten Fluggesellschaften deshalb so groß und erfolgreich. Dabei braucht man zumindest von Singapur aus keine weiteren Flüge, um sein Asien-Portfolio innerhalb kürzester Zeit zu verdreifachen.

Wer will, kann auf Alex' Spuren innerhalb eines Wochenendes drei Länder besuchen. Schöner wäre, sich etwas mehr Zeit zu lassen. Das Ergebnis ist das gleiche: Eben noch nie in Asien gewesen, war man plötzlich nicht nur in Singapur, sondern auch in Indonesien und Malaysia. Von dem Mini-Staat aus sind es nur etwa fünfundvierzig Minuten bis zur Insel Bintan, die – obgleich sehr weit von Jakarta oder Bali entfernt – zu Indonesien gehört. Malaria oder andere Tropenkrankheiten gibt es hier nicht, dafür jede Menge Luxushotels und schöne Strände. Und die Geschichte mit der grauenvollen Überfahrt, die Ihnen jetzt vielleicht wieder hochkommt, kann ich an dieser Stelle entkräften. Ich bin die Strecke Singapur–Bintan insgesamt viermal gefahren, und dreimal war alles in Ordnung ...

Zurück an Land kann es direkt Richtung Kuala Lumpur weitergehen, natürlich mit einem Fünf-Sterne-Bus – im dicken Sessel durch Malaysia. Die Fahrt dauert gut fünf Stunden, in der Hauptstadt selbst kann man für einhundert Euro in einem der besten Hotels der Welt wohnen, dem Mandarin Oriental. Perfekte Zimmer mit einem einzigartigen Blick auf die Petronas Towers, das Wahrzeichen KLs! Jawohl, Alex, dein geliebtes KL. Ich war dort und hätte beinahe wie du eine gefälschte Ray-Ban gekauft. Wie gesagt: beinahe.

Zu Lande, zu Wasser, aber nicht in der Luft: Das ist Asien zum Angeben, Variante eins. Variante zwei liegt etwas näher an Deutschland und gehört zu jenen raren Reisezielen, bei denen mit dem Namen eigentlich alles gesagt ist: Malediven.

Das Einzige, was gegen die wunderbaren Inseln im Indischen Ozean spricht, ist die für einen Strandurlaub lange Anreise (knapp zehn Stunden). Ansonsten sind die Malediven ein Paradies für Fernreiseangsthasen. Obwohl man gefühlt am Ende der Welt und immer mitten im Meer ist, gibt es keinen Grund, sich Sorgen zu machen. Ich habe in einem Badezimmer unter freiem Himmel geduscht, von einem Steg aus durch das kristallklare Wasser Unmengen von Fischarten beobachtet und jeden Tag einmal die Insel, meine Insel, umrundet. Das dauerte selten länger als fünfundvierzig Minuten, und begegnet bin ich dabei auch kaum jemandem. Und wenn ich dies doch tat, dann war das ein anderer Reisender.

Das Eigentümliche an den Malediven ist, dass überwiegend zwischen Inseln für Einheimische und Inseln für Touristen unterschieden wird. Man bleibt unter sich, weswegen dieser Teil der Erde für Alex eine No-go-Area ist. Für alle, die mit fremden Sitten und Gebräuchen ihre Schwierigkeiten haben, mag das ein Grund mehr sein herzukommen.

## Asien pauschal

Die einfachste Möglichkeit, Asien pauschal zu bereisen, ist und bleibt Thailand. Die Auswahl an Angeboten in deutschen Reisekatalogen ist so groß wie für kein anderes Ziel des Kontinents und verkürzt die Vorbereitungen auf ein erträgliches Maß. Die Flüge sind günstig und trotzdem sicher. Das einzige Risiko auf dem Weg von Deutschland nach Bangkok dürfte es sein, vor oder hinter einem jener widerlichen Sextouristen zu sitzen, die es leider immer noch zu Hunderttausenden dorthin zieht. In Bangkok selbst begegnet man ihnen kaum, wenn man bestimmte Viertel meidet. An den wahren Sehenswürdigkeiten der Stadt haben die Herren in der Regel kein Interesse, und in den Hotels, in denen Fernreiseangsthasen typischerweise absteigen, wird man sie ebenfalls nicht antreffen.

Ich kann vorbehaltlos das Banyan Tree empfehlen – einerseits wegen der weltbekannten Bar auf dem Dach, andererseits wegen eines Services, der sich sogar auf sichere Taxifahrten erstreckt. Die Hotelmitarbeiter notieren von jedem Fahrzeug, das das Gelände verlässt, die Nummer, um hinterher bei eventuellen Beschwerden der Gäste reagieren zu können. Dies ist ein Trick, den man sich auch zunutze machen kann, wenn man zurückwill. Meine Frau und ich haben uns nach den ersten, oben erwähnten schlechten Erfahrungen einfach von anderen Hotels Taxen besorgen lassen. Das funktionierte fast immer.

Von dem einen oder anderen renitenten Fahrer einmal abgesehen, sind die Thailänder sicher eines der freundlichsten und (trotz gelegentlicher Unruhen) friedlichsten Völker der Erde. Gäste werden, selbst wenn sie sich nicht benehmen können, so zuvorkommend und geduldig wie sonst nur in anderen buddhistischen Ländern behandelt. Der Buddhismus, dem vierundneunzig Prozent der Thais anhängen, ist mit seiner Gelassenheit quasi die geborene Fernreiseangsthasen-Religion. Wenn Sie dazu noch Vegetarier sind: umso besser!

Allerdings sollte man nicht zu viel Zeit in Bangkok verbringen und sich wenigstens noch Chiang Mai im Norden sowie natürlich eine der Inseln des Landes ansehen. Das kann man bedenkenlos mit dem Flugzeug tun, etwa mit Thai Airways oder mit den lustig bemalten Maschinen von Bangkok Airways. Wer mit dem Zug unterwegs ist, braucht mehr Zeit, bekommt aber einen guten Eindruck vom durchschnittlichen Leben in Asien. Die Züge sind sicher und selbst im Vergleich mit der Deutschen Bahn (was heißt hier eigentlich: selbst?) pünktlich.

Habe ich etwas vergessen? Ach ja: In Chiang Mai müssen Sie sich unbedingt und sooft es geht massieren lassen. Das kostet umgerechnet fünf Euro, und ich bereue es bis heute, dass wir einen Tag ausgelassen haben ...

## Lateinamerika sicher

Fidel Castro hat dies sicher nicht bezweckt, aber dank seiner Politik hat sich Kuba zum besten lateinamerikanischen Ziel für Fernreiseangsthasen entwickelt. Im Vergleich zu den gefährlichen Nachbarstaaten wie Mexiko oder Kolumbien, ist die Kriminalität unter-, das Gesundheitssystem dagegen gut entwickelt. Gäste sind, wenn sie nicht gerade einen amerikanischen Pass besitzen, willkommen, und sie werden sich in allen Teilen des Landes – mit Ausnahme von Guantanamo – sehr sicher fühlen. Wer Spanisch spricht, kann problemlos allein durch Kuba reisen, wer dies nicht tut, braucht manchmal etwas Glück (siehe oben).

Einziges Ärgernis: Ähnlich wie früher in der DDR muss man sich fast überall auf lange Wartezeiten einstellen. Das beginnt bei der Einreise am Flughafen und endet bei der Übernahme beziehungsweise der Abgabe des Mietwagens, die bei uns jeweils etwas mehr als eine Stunde dauerte. Hier unten ist der Sozialismus mit seinem Bürokratismus noch intakt. Aber genau das macht eben auch den Charme Kubas aus. Es gehört zu jenen Ländern, in denen die Zeit stehen geblieben zu sein scheint. Castro und Che Guevara sind gegenwärtig, als wären sie erst vor ein paar Jahren einmarschiert. In der Hauptstadt Havanna fahren immer noch die amerikanischen Oldtimer, die größten Musikstars sind achtzig Jahre oder älter. Irgendeinen der Herren des Buena Vista Social Clubs oder seiner

Nachfolger wird man auf der Reise garantiert live sehen können. Guantanamera ist sowieso überall. Wie lautet die alte Fernreiseangsthasen-Weisheit? Wo man so gute Musik macht, da lass dich ruhig nieder, böse Menschen kennen keine Lieder.

Apropos böse Menschen: Ganz hat das Castro-Regime seine Bedenken gegenüber ausländischen Besuchern nicht aufgegeben, auch wenn die dringend benötigte Devisen (bitte keine Dollars!) ins Land bringen. In der Hotelanlage, in der wir den Strandteil unseres Urlaubs verbrachten, waren kubanische Touristen nicht zugelassen, wahrscheinlich hätten sie es sich auch nicht leisten können. Am Eingang gab es eine Art Grenzposten, unser Auto wurde mithilfe von Spiegeln sogar von unten überprüft. Offensichtlich haben Castro und Co. so große Angst vor dem Kontakt zwischen Einheimischen und Touristen, dass es für Letztere selbst in der legendären Eisdiele Coppelia, der wahrscheinlich größten der Welt, einen eigenen Schalter gibt – und eigene Preise, versteht sich.

Wer jetzt überlegt, mit welcher der hier vorgeschlagenen Fernreisen er in ein neues Urlaubsleben starten will, sollte mit Kuba beginnen. Denn wer weiß, was mit dem Land passiert, wenn Fidel Castro einmal nicht mehr ist? Solange er lebt, hilft der Tourismus dabei, Kuba und seinen an sich so fröhlichen Menschen Stück für Stück die Freiheit zurückzugeben. So oder so: Hin!

## Afrika nah

Wer eine extrem exotische Reise machen will, muss dafür nicht lange fliegen. Es reichen die gut drei Stunden, die eine herkömmliche Lufthansa-Maschine von Frankfurt nach Casablanca braucht. Wobei man jedem, der eine Tour durch Marokko plant, raten sollte, diese in Marrakesch oder meinetwegen in Agadir zu beginnen. Unser Start in Casablanca war eine Enttäuschung, weil die Stadt nichts mit der Atmosphäre des großartigen Humphrey-Bogart-Films gemein hat. Casablanca ist ein gesichtsloses Industrie- und Geschäftmonstrum und eignet sich bestenfalls als Ausgangspunkt, um mit der Bahn in die alten Königsstädte Rabat und Fes zu fahren.

Was wir dann auch taten, ohne zu ahnen, dass uns ein paar lächerliche Flugstunden von Deutschland entfernt eine komplett andere Welt erwartete. Wer die Altstadt, die Medina von Fes zum ersten Mal betritt, kommt sich wie in der gigantischen Kulisse für einen mittelalterlichen Film vor: enge Gassen, Esel und Maultiere statt Autos, Schafe, die in Seitenstraßen verkauft und geschlachtet werden, Arbeiter, die Felle in riesigen Bottichen färben. In den Geschäften bedienen nur Männer, ganz gleich, ob sie Nähgarn oder Gemüse verkaufen. Jedes Viertel hat seine eigene Bäckerei, in das die Menschen Teig zum Aufbacken bringen. Es riecht nach Brot, nach Gewürzen und Tieren – und als Tourist mit Rollkoffer kommt man sich vor wie ein Cowboy in einem Science-Fiction-Film. Im Nachhinein hätten wir zumindest in Fes einen Transfer vom Bahnhof zu unserem Riad mitten in der Medina buchen sollen. So hatten wir einfach nur Glück, dass wir auf zwei vertrauensvolle Kofferträger trafen (zumindest brachten sie uns zur richtigen Adresse, wo sie allerdings deutlich mehr als den vorher vereinbarten Preis haben wollten ...).

Auch außerhalb der Königsstädte, zu denen das überschätzte Marrakesch gehört, ist Marokko der beste Afrika-Orient-Einstieg für Fernreiseangsthasen. Es gibt weder Malaria noch andere bedrohliche Krankheiten, die Auswahl an individuellen wie luxuriösen Unterkünften ist groß. Man kann bedenkenlos mit dem Mietwagen durch das Land fahren, sollte das Auto aber erst nach dem Besuch der Medinas buchen. Auf den Straßen werden Deutsche auf jeden Fall Heimatgefühle verspüren. Einerseits, weil in Marokko rechts gefahren wird, andererseits, weil genau hierher die Mehrheit aller ausrangierten Mercedes-Fahrzeuge exportiert worden sein muss. Die alten Daimler prägen das Straßenbild wie die amerikanischen Oldtimer jenes von Havanna.

Wer ganz, ganz, ganz vorsichtig anfangen will, sollte einfach in Agadir, einer dieser von Deutschen geprägten Pauschaltouristenhochburgen, Station machen. Von dort aus sind diverse Tagesausflüge, zum Beispiel nach Marrakesch oder in die Sahara, für wenig Geld möglich. Und Alex treffen Sie hier garantiert nicht.

# Afrika exklusiv

Für einen deutschen Fernreiseangsthasen gibt es eine klare Kontinenthierarchie. Europa, in das er nun einmal hineingeboren ist und das so viel zu bieten hat, führt die Liste an. Auf Platz zwei kommt (Nord-)Amerika, weil es den eigenen Lebensgewohnheiten am ähnlichsten ist und weil niemand außer Udo Jürgens nicht in New York gewesen sein möchte. Rang drei hat sich – dank der vielen chinesischen, thailändischen und japanischen Restaurants in Deutschland – Asien erarbeitet. Nur auf Position vier landet Australien, was vor allem mit der langen Anreise zu tun hat.

Und dann? Dann kommt Afrika, so nah und doch so fern. Wer den Kontinent wirklich kennenlernen möchte, braucht Mut. Er darf weder Angst vor Kriminalität noch vor Krankheiten, Armut oder Fluggesellschaften haben, die als die unsichersten der Welt gelten. Ja, er muss im Zweifel wie Alex bereit sein, sich von zwei bewaffneten Soldaten durch Kenia eskortieren zu lassen, die Maschinenpistolen im Anschlag.

Afrika ist für die dort lebenden Menschen kein Vergnügen, warum sollte es das für Reisende sein? Und doch hat der Kontinent zwei Schlupflöcher für all jene gelassen, die sich nicht einmal nach Marokko, Tunesien oder Ägypten trauen. Inwieweit diese beiden Schlupfwinkel charakteristisch für Afrika sind, ist eine Frage, die man mit Alex wochenlang diskutieren

könnte. Fakt ist, sie gehören dazu – ob es unserem Backpacker-Freund gefällt oder nicht.

Wer in Mauritius oder auf den Seychellen Urlaub gemacht hat, kann ruhigen Gewissens sagen, in Afrika gewesen zu sein – Punkt.

Wer nicht dort war, hat definitiv etwas verpasst. Für meine Frau und mich gehört Mauritius zu den wenigen Orten, an denen wir sofort wieder Urlaub machen würden. Das liegt unter anderem daran, dass wir zum ersten Mal in einem Sechs-Sterne-Hotel, dem Le Touessrok abgestiegen sind, Sonnenbrillenputzservice und eine eigene Insel mit Shuttleservice inklusive. Den Strand vor dem Zimmer hatten wir die meiste Zeit für uns allein. Und als wir dachten, schöner geht es nicht mehr, lösten wir den Gutschein ein, den uns Kollegen zur Hochzeit geschenkt hatten: ein Menü auf einer Plattform im Meer. Die drei Gänge wurden per Boot serviert, und der Ober war so freundlich, nach dem zweiten Gang meine Frau mit zurückzunehmen. Sie musste dringend zur Toilette ... Als Mann hat man es in solchen Situationen leichter, zumal es dunkel genug und der Strand weit weg war, als dass jemand die verräterischen Geräusche hätte hören können. Es war herrlich!

Du, lieber Alex, magst es dekadent finden, wenn man es sich auf Reisen gutgehen lässt und ausnahmsweise die schönen, um nicht zu sagen die schönsten Seiten dieser Welt ansieht. Wir Fernreiseangsthasen finden aus vollster Überzeugung, dass die genauso dazugehören wie deine geliebten Slums in Indien! Und falls du dir Sorgen machen solltest, dass Touristen die Paradiese zerstören könnten: Das musst du nicht tun! Die Seychellen haben die Zahl der Urlauber, die jährlich auf die Insel dürfen, sogar limitiert.

Also komm gar nicht erst auf die Idee, dort hinzufahren!

# Kleine Weltreise I (rechtsherum)

Glauben Sie es, oder glauben Sie es nicht: Wer sich über die geschilderten Schwierigkeitsstufen mit der Fernreiserei angefreundet hat, will mehr – zum Beispiel eine Weltreise. Wobei es bei den folgenden drei Vorschlägen nicht darum geht, von Land zu Land oder von Kontinent zu Kontinent zu hoppen. Wir fliegen zu den drei großen Sehnsuchtszielen von Fernreiseangsthasen, und dabei jeweils einmal rund um die Erde.

Das kann man, wenn man auf einen Globus blickt, von Deutschland aus rechtsherum (also in Richtung Asien) oder nach links (in Richtung Amerika) tun. Wobei das einen Unterschied bei den Flugzeiten macht, was an der Erdrotation oder dem sogenannten Jetstream liegen muss. Ein Beispiel: Von Deutschland nach Singapur dauert es mit einer Boeing 747 etwa zwölf Stunden, von Singapur nach Deutschland aber dreizehneinhalb. Das Gleiche gilt für die Strecke Singapur–Neuseeland. Obwohl die Distanz sich nicht ändert, unterscheiden sich die Flugzeiten um knapp vierzig Minuten. Insofern kann es sich lohnen, bei Weltreisen immer in eine Richtung zu fliegen und nicht – wie bei unseren Beispielen – wieder zurück. Das ist eben alles nur eine Frage der (Urlaubs-)Zeit ...

Die kleine Weltreise I führt nach rechts, über den Zwischenstopp in Hongkong nach Australien und wieder zurück. Das mag für alle, die unter Flugangst leiden, die größtanzunehmende Horrorvorstellung sein. Ja, es stimmt, dass Hin-

und Rückreise jeweils zwischen zwanzig und vierundzwanzig Stunden dauern und dass sich ein paar Inlandsflüge kaum vermeiden lassen werden. Genauso wahr ist aber, dass man alle Strecken mit zwei der sichersten Fluggesellschaften der Welt zurücklegen kann – mit Cathay Pacific (nach Hongkong und Australien) und mit Quantas (innerhalb des Landes).

Das ist nur ein Vorteil der kleinen Weltreise I. In Hongkong kann sich der Fernreiseangsthase bei einem Zwischenstopp wunderbar an Klima und neue Zeit gewöhnen. Der Weiterflug nach Australien lässt sich verkürzen, wenn man nicht als Erstes Sydney ansteuert, sondern Adelaide, von wo aus es mit dem Auto bequem Richtung Melbourne weitergeht. Der Linksverkehr ist gewöhnungsbedürftig, dafür begegnet man auf den Straßen kaum anderen Autos. Das Land ist viel zu groß für die lächerlichen zwanzig Millionen Menschen, die dort leben und sich bevorzugt in den Städten ballen. Auch deshalb ist es eines der am leichtesten zu bereisenden Länder der Welt. Hinzu kommt, dass die Aussies in ihrer Freundlichkeit und Offenheit eine perfekte Mischung aus Europäern, Asiaten und Amerikanern sind. Das Gleiche gilt für das Essen, und die Begegnungen mit Kängurus und Wombats entschädigen für alle Horrorgeschichten, die man (auch in diesem Buch) über die mörderische Tierwelt des Kontinents gehört und gelesen hat.

Sagen wir es, wie es ist: Läge Australien nicht so weit weg, könnte Mallorca als Lieblingsinsel der Deutschen einpacken.

# Kleine Weltreise II (linksherum)

Hawaii leidet in Fernreiseangsthasenkreisen unter einem schlimmen Vorurteil. Jeder glaubt, die Inseln im Pazifik lägen mindestens vierundzwanzig Flugstunden oder mehr von Deutschland entfernt. Das, liebe Leidensgenossen, stimmt nicht.

Hawaii ist viel näher.

Gut, es liegt nicht ganz so nah wie Föhr oder Bornholm, aber eben längst nicht so weit weg wie Australien. Die kleine Weltreise II – diesmal vom Globus aus gesehen linksherum – dauert im günstigsten Fall um die fünfzehn bis sechzehn Stunden, wobei ich Flugzeiten grundsätzlich abrunde. Von Deutschland bis nach Los Angeles braucht man etwa elf, von dort bis Oahu nicht einmal sechs(!) Stunden.

Hätten Sie das gedacht? Ich nicht, und so gab ich meinen Widerstand gegen die zweite Weltreise relativ schnell auf. Im Vergleich zu Australien lag Hawaii praktisch um die Ecke, einen zweiten Flug von fünf Stunden und fünfzig Minuten empfand ich inzwischen als Kurzstrecke. Am Ende kam der meiner Frau und mir doch deutlich länger vor, weil wir den Fehler gemacht hatten, American Airlines zu buchen, und in einer Maschine saßen, deren Sitze zerschlissener waren als Alex' Lieblingsrucksack. Ich hatte viele böse Vorurteile über die Qualität der US-Fluggesellschaften gehört und kann nach dem Flug nur eines sagen: Es sind keine Vorurteile, und böse sind sie schon gar nicht.

Zum Glück blieb der AA-Trip die einzige negative Erfahrung auf einer ansonsten einmaligen Reise, während der ich sogar zu einem Fan kurzer Inlandsflüge wurde. Das lag an Hawaiian Airlines, der einheimischen Gesellschaft mit dem Blumen-Mädchen im Logo, deren Flugzeuge wie Busse zwischen den Inseln verkehren. Erst hatten wir uns über die seltsamen Abflug- und Ankunftszeiten gewundert, weil wir uns nicht vorstellen konnten, dass man wirklich um elf Uhr einundvierzig startet, um um zwölf Uhr sechsunddreißig wieder zu landen. Aber genauso war es, und in der Luft umgab uns das gleiche Gefühl wie am Boden.

Nie zuvor sind wir so entspannt, so gelassen gereist. Wie man sich in New York oder Tokio von der Hektik anstecken lässt, wird man auf Hawaii – insbesondere in Honolulu – von der Hang-loose-Atmosphäre ergriffen. Einen Eindruck davon können Sie bekommen, wenn Sie der Musik von Israel IZ Kamakawiwo'ole lauschen, der direkt nach unserer Rückkehr mit seiner Version von »Somewhere over the rainbow« in die deutschen Charts schoss. Ukulele müsste man spielen können!

Ich habe keine Ahnung, wie sich Hawaii angesichts der nicht zu übersehenden Präsenz von Amerikanern und Japanern seine Ursprünglichkeit und unbändige Kraft erhalten konnte, aber das hat es. Und es fiel uns sehr, sehr schwer, die Inseln zu verlassen – zumal es mit American Airlines wieder zurückging. Diesmal flogen wir aber nicht nach Los Angeles, sondern in die europäischste und vielleicht schönste Stadt der USA: nach San Francisco, das wir uneingeschränkt als Zwischenstation für die Kleine Weltreise II empfehlen. Drei Tage reichen!

# Kleine Weltreise III (Business)

Ich hätte mir nicht vorstellen können, einmal traurig über das Ende eines Dreizehn-Stunden-Fluges zu sein. Doch im letzten Teil der Recherchen für dieses Buch war es so weit. Um wirklich wahrheitsgetreu über jede Form sicheren Reisens berichten zu können, haben meine Frau und ich uns knapp drei Monate vor dem Erscheinen von »Mit 80 Ängsten um die Welt« nach Neuseeland aufgemacht. Ein Vier-Wochen-Trip für ein kurzes Kapitel! Weil es angesichts dieses Preis-Leistungsverhältnisses nicht mehr darauf ankam und weil ich unbedingt wissen wollte, ob es einen Zusammenhang zwischen Beförderungsklasse und Ausprägung der Fernreiseangst gibt, haben wir es getan: Wir sind Businessclass geflogen! Insgesamt gut fünfzig Stunden, die zwei Erkenntnisse brachten.

Erstens: Wenn mir alle Einnahmen aus diesem Buch zustehen würden, müssten mindestens zweitausend Exemplare verkauft werden, damit wir wenigstens den Flugpreis wieder drin hätten.

Zweitens: Die Businessclass war jeden Euro wert! Besseres Essen, ein eigenes Bett, maximale Ruhe, ein deutlich reduzierter Jetlag. Und vor allem: Nach der letzten Landung war meine Flugangst weg. Drei Tage später habe ich zum ersten Mal in meinem Leben eine Bahnreise abgesagt und bin stattdessen von Hamburg nach Stuttgart geflogen. Liebe Fernreiseangsthasen mit ausgeprägter Flugphobie: Probieren Sie es aus, koste es, was es wolle! In der Businessclass werden sie ein neues, entspanntes Verhältnis zum Fliegen bekommen. Versprochen.

Für den Neuseeland-Reisenden rechnet sich die Businessclass doppelt, denn viel weiter kann man von Deutschland aus nicht fliegen. Auch sonst ist das Ende der Welt rekordverdächtig: Die Südinsel allein ist schöner als alles, was ich auf den beschriebenen Reisen gesehen habe. Paradiesische Strände, gigantische Fjorde, schneebedeckte Berge, Gletscher mitten im Dschungel, Pinguine, Robben, Delfine, Albatrosse. Die eine Million Einwohner haben alles, was man sonst auf Trips durch verschiedene Regionen der Erde zusammensammeln muss. Diese Weltreise ist im doppelten Sinne eine, weil Neuseeland so etwas wie unser Planet im Kleinformat ist. Dankenswerterweise ohne übermäßig viele giftige Tiere, ohne Tropen- oder sonstige spektakuläre Krankheiten, ohne nennenswerte Kriminalität und mit Haustüren, die in der Regel nicht abgeschlossen werden müssen. Und wenn es mal ein Erdbeben gibt, so wie in Christchurch zwei Tage nach unserer Abreise, dann passiert niemandem etwas Ernsthaftes dabei.

Ich würde Ihnen gern wenigstens von den Sandfliegen erzählen, die in Reiseführern als Neuseelands große Plage beschrieben werden und deren Stiche noch nach zwei Wochen böse jucken sollen. Aber die angeblich so nervigen Viecher haben sich von herkömmlichem Autan abschrecken lassen...

Deshalb bleibt es dabei: Neuseeland ist für Fernreiseangsthasen das perfekte Land. Wenn Sie, liebe Leidgenossen, sich zu keiner anderen Reise entschließen können sollten, diese müssen sie machen! Setzen Sie alles Geld auf die Weltreise III! Dann klappt es auch mit der Businessclass ...

# Falsche Fernreise

Wer all das nicht tun möchte, wem Neuseeland zu weit weg, Marokko zu dreckig und Amerika zu gefährlich ist, wer sich einfach ins Auto setzen und eine sichere Reise mit einmaligen Eindrücken machen möchte – nun, für den haben wir tatsächlich auch in Europa etwas. Hier gibt es ein Land, dessen beeindruckende Natur es locker mit Hawaii und Kanada aufnehmen kann, das beinahe so weitläufig wie Australien und so vielschichtig wie Marokko ist.

Warum in der Ferne schweifen, wenn das Gute liegt so nah? Ja, liebe Fernreiseangsthasen, da ist es endlich wieder, unser altes Urlaubsmotto. Und für einen europäischen Nachbarn im Norden trifft es voll und ganz zu. Norwegen kann mithalten mit den großen Zielen dieser Welt, und es gibt praktisch nichts, über das man sich vor oder während der Reise Sorgen machen muss.

Das größte Risiko bleibt, dass am Ende des Geldes jede Menge Urlaubstage übrig sind. Norwegen ist auf seine Weise ähnlich schön, aber leider auch ähnlich teuer wie die Seychellen oder Mauritius. Ich werde nie vergessen, wie meine Frau für eine Pizza Bolognese umgerechnet achtundzwanzig Euro(!) bezahlen musste. Dabei ist das norwegische Essen nichts Besonderes, die Kombination eines Pizzateigs mit einer klassischen Spaghettisauce mag ein Belag, Verzeihung, Beleg sein …

Dafür beeindruckt das Land mit seinen nicht enden wollenden Fjorden, den Menschen, die ihre Haustüren weder am Tag noch in der Nacht abschließen, mit Einsam- und Ursprünglichkeit. Wer will, kann ewig unterwegs sein, was zum einen an der Größe Norwegens, zum anderen an den vielen schmalen, kurvigen Straßen und den strengen Geschwindigkeitsbegrenzungen liegt. Mensch und Seele reisen im selben Tempo, nicht auseinandergerissen von neunhundert km/h schnellen Flugzeugen und zig Stunden Zeitunterschied. Der Urlaub beginnt, wenn man den Zündschlüssel vor der eigenen Haustür umdreht, und er endet ebenfalls genau dort.

Man benötigt keine Thrombosestrümpfe, es gibt keine ansteckenden Krankheiten (die gefährlichen Zecken bleiben dankenswerterweise im benachbarten Schweden), keine Naturkatastrophen, keine Nepper, Schlepper und Taxifahrer. Norwegen ist ein stilles, ein großartiges Paradies, die europäische Antwort auf Neuseeland. Würden wir nicht, wenn wir Fernreiseangsthasen aus Singapur, Australien oder Argentinien wären, genau hierherkommen? Um dann zu Hause unseren Leidensgenossen von diesem Land als einem der schönsten und sichersten der Welt vorzuschwärmen? Würden wir es nicht aufnehmen in »With eighty fears around the world«?

Eben.

# Die sicherste Reise der Welt

Zwei Kontinente und fünf Länder in zehn Tagen.
(Fast) alle sprechen Deutsch.
Ein Arzt ist immer in der Nähe.
Kein Flug (oder wenn, dann zwei winzige)!
Nur einmal Koffer packen.
Maximale Hygiene.
Essen wie bei Muttern.

Ein Traum, sagt der Fernreiseangsthase.

Ein Albtraum, sagt Alex.

»Das musst du machen«, sagte meine Agentin, noch bevor sie einen Verlag für dieses Buch gefunden hatte. »Das ist die sicherste Reise der Welt.«

Ich musste gleich am ersten Tag auf »Mein Schiff« an diesen Satz denken. Die Nacht war, um es vorsichtig zu sagen, unruhig gewesen. Das Mittelmeer, die Badewanne unter den Ozeanen, hatte gegen seinen guten Ruf mit hohen Wellen aufbegehrt, die so recht nur dem Kapitän gefallen wollten: »Endlich merkt man mal, dass wir auf dem Meer sind«, hatte er bei seiner Durchsage via Kabinenlautsprecher frohlockt, und dass das bei unserer ersten Fahrt von Palma de Mallorca bis Tunis so weitergehen würde: »Die ›Mein Schiff‹ will mit Ihnen tanzen.«

Wobei die gute Dame leider ein Faible für Rock 'n' Roll zu haben schien, obwohl wir alle mit langsamem Walzer gerechnet hatten. Als am nächsten Tag die obligatorische Rettungsübung anstand (»Pflicht für alle Passagiere!«) bog sich der Kreuzfahrer, als wolle er sich an dem Test aktiv beteiligen. Meine Frau und ich schwankten pünktlich um zehn Uhr dreißig zu unserem Versammlungsdeck, wo die Mitpassagiere offenbar seit Stunden warteten. Die Luft war heiß und stickig, die Crewmitglieder hatten Mühe, dringend benötigte Papiertüten zu verteilen. Als wir vor unserem Rettungsboot Aufstellung nahmen, kamen mehrere Exemplare direkt hinter uns zum Einsatz und bei mir die düstere Erinnerung an die Bootsfahrt von Singapur nach Bintan hoch. Worauf hatte ich mich eingelassen? Warum hatten wir nicht wie geplant die Reise nach Israel gemacht? Hätte die nicht auch wunderbar in dieses Buch gepasst? Und würde das Finanzamt die Kreuzfahrt wirklich als Dienstreise anerkennen?

Es gehen einem komische Fragen durch den Kopf, wenn man dicht an dicht mit Hunderten anderer darauf wartet, dass erstens der Wind nachlässt, zweitens die Rettungsübung zu Ende geht und drittens das Frühstück dort bleibt, wo es hingehört. Es blieb, ein Glück. Keine vierundzwanzig Stunden später war das Spektakel vorbei. Wir hatten den Hafen von Tunis erreicht und ich meine erste Lektion gelernt: Selbst die scheinbar sicherste Reise hat ihre Unsicherheiten, auch wenn der Kapitän erklärt, dass er derartige Wetterverhältnisse auf dem lieben, langweiligen, herzigen Mittelmeer noch nie erlebt habe.

Am letzten Seetag gerieten wir übrigens in einen Orkan mit Windstärke zwölf, aber das ist eine andere Geschichte und war wahrscheinlich ein blöder Zufall.

Ansonsten ist so eine Kreuzfahrt für Fernreiseangsthasen und »für alle Menschen über siebzig«, wie einer der zweitausend anderen Passagiere so nett sagte, nur zu empfehlen. Wenig ist hier so wichtig wie Sicherheit und Sauberkeit. Beim Betreten und Verlassen muss man seinen Schiffsausweis (mit Foto!) vorzeigen, selbstverständlich werden alle Gepäckstücke, Jacken etc. kontrolliert. In den Häfen wird man von Bussen und deutschsprachigen Reiseleitern in Empfang genommen, mit denen es direkt auf im Voraus gebuchte Touren geht. Für diese gibt es verschiedene Schwierigkeitsstufen und jede Menge wunderbarer Sicherheitstipps: »Der Fußweg beträgt etwa zwei Kilometer und führt größtenteils über unebene Wege« zum Beispiel. Oder: »Dieser Ausflug enthält teilweise steile Fußwege sowie einige Stufen.«

Mehr geht nicht, denken Sie? Oh doch: Das Schönste auf »Mein Schiff« – noch vor den zehn Restaurants, dem Spa-Bereich, der Abtanzbar und dem riesigen Theater – sind die kleinen, weißen Kästen, die an jeder Ecke stehen. Es reicht aus, die Hände hineinzuhalten, um eine Dosis Desinfektionsmittel abzubekommen, die in zwei Minuten sämtliche Bakterien killt. Als notorischer Händewascher und Türgriff-Nichtanfasser habe ich jede der Gesundheitsstationen mitgenommen, um angesichts der Masse an Menschen und Keimen meinen Beitrag zur allgemeinen Bordhygiene zu leisten. Denn wie schnell kann auf so engem Raum ein ansonsten harmloser Virus zu einer Epidemie werden, die Hunderten von Passagieren den Urlaub verdirbt? Wie leicht ließe sich an Bord eine Erkältung oder gar ein grippaler Infekt weitergeben? Und wie gefährlich wäre das für die überwiegend (deutlich) älteren Mitreisenden? Da muss man gerade als junger Mensch Verantwortung übernehmen und Hände reinigen, solange der Vorrat an Desinfektionsmitteln reicht.

Allein: Es nutzte nichts, zumindest mir nicht. Meine Frau hatte bereits am Tag der Abreise ein leichtes Kratzen im Hals verspürt, das sich nur bis Neapel unterdrücken ließ. Dort begann das volle Programm: Hals- und Gliederschmerzen, Schnupfen, Husten. Wir verordneten uns in unserer Kabine mehr oder weniger Quarantäne und mussten ausgerechnet den Ausflug nach Rom absagen. Während ich den anderen Passagieren – auch jenen mit Rollator – zusah, wie sie sich von Bord in Richtung italienischer Hauptstadt aufmachten, ließ sich meine Frau in der Schiffsklinik untersuchen. Für einundachtzig Euro gab es eine erstaunliche Diagnose (Erkältung!) und eine Entwarnung (keine Bronchitis!). Wie es weiterging, können Sie sich denken. Soviel ich desinfizierte, so sehr ich meine Zeit an der frischen Seeluft verbrachte, ich konnte nicht entkommen. Nach der Hälfte der Reise kratzte auch mein Hals, und schließlich lagen wir abends synchron hustend in der Nummer 10096, während sich die älteren Herrschaften, über die wir am Anfang so gespottet hatten, in der Abtanzbar vergnügten ... Eine Seefahrt, die ist lustig!

Nein, ganz im Ernst, das war sie wirklich. Und der leise Spott, der sich aus den obigen Zeilen herauslesen lassen könnte, ist überwiegend dem Umstand geschuldet, dass dieses Buch ja ein lustiges sein soll. Wenn man keim- und halskratzfrei das Schiff betritt und sich das Mittelmeer so benimmt, wie es an dreihundertdreiundsechzig Tagen im Jahr seine Art ist, eignet sich eine Kreuzfahrt für Fernreiseangsthasen bestens. Objektiv gesehen gibt es an Bord nämlich nur ein Risiko. Wer nicht aufpasst, wird innerhalb von zehn Tagen mehr zunehmen als andere Leute in einem ganzen Jahr. Mindestens ein Restaurant hatte immer geöffnet, das Essen war selbst im gigantischen »Anckelmannsplatz« hervorragend sowie all-inclusive, und in der Sushi-Bar gab es die wahrscheinlich beste Miso-Suppe der Welt. Der Service war perfekt, die Kleidervorschriften waren leger (es gab keine), die Kabinen modern. Wir konnten jeden deutschen Fernsehsender empfangen und hatten doch das beeindruckendste Bild direkt vor der Verandatür: Vollmond über dem Mittelmeer, dessen Wellen sich die meiste Zeit sanft an der Schiffswand kräuselten, dazu ein leichter Wind, unsere eigene Hängematte. Es war einmalig. Und das schreibe ich jetzt nicht nur, weil ich hoffe, dass der Reiseveranstalter mich möglichst bald zu einer Autorenlesung an Bord der »Mein Schiff« einlädt ...

# Kennen Sie Bornholm?

Wird dieses Buch verfilmt werden? Lässt sich die alte Thrombosestrumpfhose für einen guten Zweck versteigern? Zahlt die Krankenkasse alle Impfungen? Und vor allem: Wo geht es als Nächstes hin? Fragen über Fragen, von denen ich zumindest die letzte noch schnell beantworten möchte. Hier eine kleine Auswahl an künftigen Reisezielen:

*Japan:* Das Land lässt sich einfach und schnell mit der Bahn bereisen. Das Sushi dürfte noch besser sein als das auf der »Mein Schiff«.

*Bhutan:* Hier sollen die glücklichsten Menschen der Welt leben.

*Namibia:* Ein Bekannter behauptet, eine komplett malariafreie Route zusammenstellen zu können. Auf, Jasper!

*Argentinien:* Dies ist eines der sichersten Länder Südamerikas.

*Island/Irland/Grönland:* Falsche Fernreisen II, III und IV.

*Karibik:* Kreuzfahrt von Insel zu Insel, quasi jeden Tag ein neues Land.

*Kapverdische Inseln:* Siehe Mauritius/Seychellen.

*Bornholm:* Meine Frau kennt die Insel nicht. Ist das zu glauben?

# Thank you for travelling

Ein großer Dank geht an meine geduldigen Mitreisenden, vor allem an meine viel zitierte Frau. Big thanks an Dörte für die Spinnen- und Meik für jede Menge anderer Anekdoten. Sören und Jan brachten mich zu Nina und Nina zu den lieben Leuten von Egmont, auch dafür: vielen Dank. Macht Spaß mit euch! Und an dich, lieber Alex: Ist alles nicht so gemeint :-)

Liebe Grüße, Ihr/euer Yannik Mahr
(nach Diktat verreist)

Welche Ängste plagen Sie vor jeder Reise?
Teilen Sie Ihre Erfahrungen mit anderen Betroffenen auf unserer Facebookseite zum Buch!

Erfahren Sie auch, wie Sie verreisen und trotzdem überleben!

***www.fernreiseangsthase.de***